职场学习与发展经典译丛

破解行动学习

行动学习的
四大实施路径

[美]朱迪·奥尼尔　　　　著
维多利亚·J.马席克

唐长军 郝君帅 曹慧青 译

江苏人民出版社

谨以此书献给曾参与行动学习的同事、合作伙伴和客户，正是他们在行动学习方面的实践和努力，使得该书成为一段令人愉悦和持续创新的学习之旅！

　　　　　　　　　　——维多利亚(Victoria)和朱迪(Judy)

中文版序

——致中国的读者

自雷吉·瑞文斯(Reg Revans)于 20 世纪 40 年代开始其研究以来,关于行动学习的文章和书籍可以说是比比皆是。这些文章或书籍所讨论的话题包括:行动学习在世界各地的应用;个人和组织的行动学习经历;行动学习所产出的积极成果等。我们认为,本书与其他行动学习著作的区别在于,它不仅包括了前面的这些话题,而且还谈到了确保行动学习项目取得成功所必须了解的实施细节。无论你是一个新手,还是一个行动学习专家,这些内容一定会对你有所帮助。

本书问世以来,行动学习实践前进的步伐并未停歇。我们自己也做了进一步的研究,包括行动学习实践(我们称为行动学习对话)与行动学习流派理论的进一步发展。其他行动学习实践者的探索也在继续开展着,其中包括先进的虚拟行动学习理念的提出。我们非常乐意和大家一起分享这些最新的发展动态。

在行动学习项目中,我们越来越多地应用了行动学习对话(ALC,Action Learning Conversation)。在项目之外的同伴互助教练和导师辅导方面,使用 ALC 的情形也越来越多。ALC 是洞见性质疑和反思与批判性反思的有机结合。在 ALC 中批判性反思的力量非常强大,因为它不仅能使人看到,人们是如何通过构建问题方式及行动方式的改变,来改变现有情境的。更重要的是,它有助于发掘人们潜在的价值观、信念和假设。

　　ALC要基于一个有重要意义的挑战或问题，在同伴小组中采用集体深度汇谈的方式进行。小组规模少则3人，最好不要超过6～7人。无论是行动学习项目中的小组，还是独立的小组，只要开展ALC，小组成员都是同伴关系，其多样性非常重要。从专业的角度来看，多样性显得尤为重要，因为这样可以最大限度地从不同的视角来看待问题，并提供了广阔的人际网络。ALC流程会带着问题所有者依次通过如下循环：（一）以提问的方式对面临的挑战进行描述；（二）分享背景情况和前期已采取的行动，揭示解决所面临的挑战的意义；（三）同伴质疑（问题所有者不立即回应），找出其心智模式的盲区；（四）确定形成挑战的潜在假设；（五）重塑对于情境的理解；（六）形成更明智的决策，并采取明智的行动来应对这一挑战。

　　我们最近还重新审视了本书所描述的行动学习流派的新实践，在金字塔中增加了一个新的流派，我们称之为"自主协作式行动学习（Collaborative Self-Directed Action Learning）"。在批判性反思流派中，我们还增加了一个新方式，我们将其描述为"批判性行动学习（Critical Action Learning）"。在这里，我们只对这些新增加的内容简要描述一下，详细内容请见麦克·佩德勒（Mike Pedler）新修订和更新的《实践中的行动学习（Action Learning in Practice）》第四版（高尔出版公司，2011）。

　　自主协作式学习流派的理念基础是，通过创建实践社区（CoP，Communities of Practice），行动学习小组会形成自己的一致性行动，并按这个一致性来运作。CoP成员有着共同的身份，并在追求利益、机遇和挑战的过程中彼此有机地进行学习。这与行动学习有些不同。但一些实践者认为，这两者是相辅相成的。无论是CoP

还是行动学习,自主性都是其核心:自主性的学习者被认为是对自己的学习过程负有责任的所有者和管理者。在行动学习中,鼓励参与者(有时会与组织内或其他小组的协同设计者进行合作)完成他们具有强烈动机和兴趣的课题。

批判性行动学习明确主张要承认影响学习的情境、能量和情绪。行动学习小组不得不经常处理那些存在于小组、组织和社会中的不平等和紧张情况。批判性行动学习倡导,要接纳这些常常会存在于学习小组中的情绪和能量的动态,并且要在这个动态中开展工作。

最后,随着技术的发展,虚拟行动学习(VAL,virtual Action Learning)悄然到来。在本书中,我们描述了大量的使用各种虚拟方式来实践行动学习的案例,这些方式包括文字、音频通信、视频/音频通信和三维虚拟世界等,这些方式有的是同步的,有的是非同步的,也有的包括了面对面的元素。在这一点上,这些方法各有其优劣势,但我们认为,VAL一定会继续增长和发展。

在行动学习开展之初,人们可能感觉并不适应,因为无论是在哪一种文化背景下成长的人,都不习惯于发起和跟踪自我学习。根据给定方向来做事,这是一些人成长的约定俗成的文化背景,而学习教练是"身边的指导员",而非"舞台上的圣人",这对于那些在这样的习俗文化下长大的人来说,是不可思议的。然而,要在全球化的市场环境中生存和竞争,就需要具备工作和学习的新方式。行动学习项目可以在不改变组织文化的情况下提升能力,但它也可以为个人和组织变革的加速和"成长"提供过渡性的空间。

在复杂而瞬息万变的市场环境中,行动学习体现出了其适合于创造、创新和变革的特质。在适当条件下,行动学习可以通过课题的选择、对项目中所出现的新想法的开放性、致力于应对真实挑战的参与者之间的人际协同关系的产生等方式,来催化变革的发生。例如,百事公司就使用了行动学习来开发其销售领导人的商业敏感性和创新能力。好的课题会产生好的想法,这些想法带来了随后的资金投入和实施,并会产生可衡量的成效。对于致力于完成战略重要性高的课题的高潜力领导人,思科公司为他们启动了行动学习论坛。这两个公司的例子表明了,行动学习是如何促进创新和为变革提供支持的。

尽管本书希望吸引所有的实践者,并且希望对他们有所帮助,但我知道中国的许多读者还不了解行动学习。基于此,我们认为,把"第2章 确保结果:行动学习协同设计"作为首先阅读的篇章,对于这些读者来说是最有帮助的。在第2章中,我们一步一步列示了行动学习的流程,这些流程既便于操作也便于理解。为了帮助大家理解这些步骤,我们提供了一些已经成功按照这些步骤实施的实际项目作为案例,作为对这些步骤的解释。一旦读者理解了这些步骤,以此为基础,大家就可以阅读"第3章 成功落地:行动学习项目实施策略"了。根据行动学习项目的不同需求,实践者可以选择最适合的策略。

然而,无论你从哪里开始阅读,请享受阅读的快乐吧!

朱迪·奥尼尔

维多利亚·J.马席克

译 者 序
——行动学习 2.0:行动派 or 学习派?

2010 年,《培训》杂志社联合北京百年基业管理顾问公司(以下简称"百年基业")针对 15 个行业、200 多家企业进行的行动学习企业应用调查研究报告显示:行动学习在"最有效的管理人才发展方式"排名中名列首位,其次是教练、导师制、挑战性任务、轮岗及课堂培训。

但是,我们在实践过程中,却经常会被问到这样一些问题:"行动学习的作用究竟是什么?""你们的行动学习为什么和 XXX 的行动学习不一样?"

作为中国行动学习的引领者与推动者,百年基业从 2005 年就开始探索行动学习在中国落地生根的发展之道。在实践中,我们发现,中国企业在引进行动学习时,普遍存在以下误区:

重视组织绩效,轻视个体能力。组织绩效可以在短期得到提升,但由于未能关注个体能力的提升,特别是个体心智模式的反思改善,而导致组织绩效无法得到持续地提升。

关注个人,忽视团队。少数企业设计行动学习项目时没有对团队学习过程进行设计,结果导致研讨时是"群策",但在具体实战中,却是"单干",没有真正利用团队共同学习、反馈和反思的力量。

强调汇报,轻视应用。一些企业在开展行动学习项目时,将向发起人进行解决方案的汇报作为最终目标,而对应用环节不做要求和跟进，这往往导致小组成员在应用中缺少修正方案和学习的机会。

当我们看到《破解行动学习》（Understanding Action Learning）这本书时，顿感眼前豁然开朗。书中对于行动学习在西方发展的历程详述备至，并通过梳理成人学习理论基础，提炼总结出世界范围内普遍认可的四大主要流派。书中提供的大量案例与实施细节仿佛一颗颗闪光的珍珠，而实施步骤又像是一根丝线，将整本书串成了一个漂亮的项链。

"独乐乐，不如众乐乐"，正是在享受这本书的同时，我们也萌生了翻译给中国读者的想法。所以，当我们今天小心翼翼地将翻译稿捧出之时，也希望读者能从中得到收获。

我们之所以推荐这本书，是因为如下 7 个理由：

一、本书通过目前的行动学习流派应用的实证研究，揭示了行动学习的本质，权威性强。在本书的第 1 章，作者就向读者们介绍了行动学习的本质："行动学习是一种人们共同工作并致力于促进人才开发的方法，该方法把完成或解决实际课题或问题的过程作为学习的方式。"这表明，促进人才开发、促进学习才是行动学习的本质和目的，解决问题是一种学习的方式。这个定义直接帮助人们解决了心中的疑惑。在此基础上，作者从指导实践的角度出发，用一个金字塔模型展示了行动学习的四大流派，以帮助实践者根据不同的准备度和预期成果，选择不同的行动学习流派和项目。

二、本书给出了详细的行动学习项目设计与实施步骤，操作性强。为了让读者了解行动学习项目设计与实施的实施细节，本书第 2 章详细介绍了行动学习项目设计的 17 个步骤，包括了从项目准备、设计、实施到评估等各个环节。第 3 章介绍了行动学习项目的实施策略，进一步介绍了发起人需要做什么、参与者如何做好前期准备、学习教练如何发挥作用等不同的方面，挖掘出了各个步骤的实施细节的策略，不但给读者指出了方向，更指出了路径和行路中的注意事项。

三、**本书中的行动学习项目实践案例翔实，针对性强**。章章有案例、步步有实例是本书的一大特点。本书在第 1 章，就给每一个流派提供了一个完整的案例，以向我们展示各个流派的行动学习的全貌。接下来，在介绍行动学习的每一个步骤时，作者都会从各个角度来提供案例，告诉我们四个流派在这一步分别是如何操作的。

四、**本书提供了大量丰富的行动学习工具表单，实用性强**。本书提供了 10 张模型图和 57 个工具技巧表单，基本是按照 5 大类来提供，即理论模型类、项目设计类、项目流程实施类、项目成果评估类和行动学习教练方法技巧类。这 5 类涉及行动学习项目操作的关键要素的工具表单图示，直指项目操作的关键重点与难点，包括如何进行项目选题更容易成功、如何赢得高层支持、如何进行反思与提问、如何进行项目评估等。

五、**本书是第一本清晰定位和阐明行动学习教练技术的书，在国内对行动学习行业具有前瞻指导性**。本书明确提出了"行动学习教练"（Action Learning Coach）这一角色概念。本书第 4 章为行动学习教练专门设计一个章节，清晰地描述了行动学习教练的作用：这个角色在整个学习周期内为小组的学习提供支持，与传统的管理培训师不同，他不仅要关注小组流程还要关注学习，他不仅仅不是"教"，而是提供条件创造环境，让行动学习参与者在这个条件下能够从课题中学习，以及从彼此身上相互学习。行动学习教练主要使用提问的方式与小组一起工作，并通过这种方式向小组进行质疑性洞察的示范。本书运用大量实例，对行动学习教练在不同流派下与小组中的互动方式，以及学习教练如何协同工作等做了详细的阐述。

六、本书提供了行动学习的评估方法，具有可测量性。 在行动学习项目中，业绩问题解决类的项目成果相对容易评估，因为会产生数字化的业绩成果，但学习成果的量化评估就相对很难。本书提供了个人能力成长、组织成长的评估方法和成功案例，并提供了能力转化提升的调查方法以及计算项目投资回报率的方法，以帮助企业更有效地检验行动学习项目的有效性。

七、本书提供了强大的理论体系支撑，体系性强。 作者在本书的第1章详细地阐明了行动学习理论的缘起和发展历程，在随后各章节也详尽描述了目前的行动学习四大流派的观点异同之处。在本书的理论附录部分，作者详细介绍各个流派所依据的近20种理论基础和学习理论，让读者不但知其"标"，而且知其"本"，做到"知其所以然"，这既是作者的匠心独运之笔，也是消除读者心中疑惑的一剂良药。

总之，这本书整合了行动学习领域的理论流派、实践案例和方法工具，是一本不可多得的"道法术器"兼具的行动学习专业指导书籍。

在中国，行动学习已经在蓬勃发展，它正在成为企业经理人领导力开发的核心方法之一。我们相信，随着人们对行动学习了解的深入，行动学习一定会呈现出蓬勃的发展势头。

1. 从行动到学习。行动学习一定会更加关注学习，关注能力的提升、关注人才的开发，这是行动学习的目的。从"听课"到"行动"只是迈出了第一步，随着人们对行动学习的深入理解，人们将会越来越关注"学习"本身。

2. 从引导到教练。引导技术偏重的是解决问题的流程,而学习教练则直指人心和心智模式。"主题研讨＋催化技术"式的"行动学习"必将回归行动学习的本质,而行动学习教练引导人们反思和学习的作用将会越来越受到重视。

3. 从单一到复合。行动学习关注人才的开发,这就要求行动学习要和人才测评与反馈、教练技术等相结合,从"纯行动学习"发展到"复合式行动学习",本身就是对行动学习本质的回归。

4. 从关注过去到关注未来。行动学习不但要解决过去的问题,随着社会竞争的加剧,培养未来型的人才是企业的必需,所以,行动学习将更多关注企业未来的发展,帮助企业解决企业发展的未来型问题。

5. 从线下到线上线下混合。诚如作者在给中国的读者的序言中指出的,VAL虚拟式的行动学习会越来越多地在项目过程中出现,大量IT、网络技术的应用,行动学习研讨将会越来越多地和MSN、QQ、微群、微信、Skype、电话平台技术等等网络交流工具的结合,会大大提升小组交流的便捷度,同时降低沟通和学习成本。

无论什么流派,什么方式,行动学习最终的目的都是开发管理者的能力,促进组织的发展。我们希望能和广大行动学习的研究和实践者一起,共同研究和发展行动学习,帮助中国企业提升可持续发展能力。

感谢百年基业的王云老师,作为一名行动学习资深专家,她给本书的翻译提供了很多建设性的意见。感谢我们的同事谭茜女士在译校过程中提供的帮助。感谢《培训》杂志的副主编常亚红先生、江苏人民出版社教育分社总编辑杨健女士及本书的责任编辑陈茜女士,他们给了我们很多专业的指导。在这里,还要特别感谢

AMA中国的周蓓华女士和杨叶华女士,她们热情地联系了本书的版权方及两位作者,使得中文版成书得以顺利进行。

由于时间仓促,水平有限,翻译中的疏漏之处在所难免,恳请读者批评指正。

最后,希望本书对读者的工作和学习有所助益,并能够进一步推动行动学习在中国的应用与发展。

唐长军　郝君帅　曹慧青

2012年仲秋

注:本书四个行动学习流派中出现的"Tacit"流派,中文直译是"默认的隐性的"流派,我们斟酌再三后,决定将其译成"绩效"流派。因作者认为这一流派的特点是关注行动学习项目的绩效成果,而没有对学习反思做专门设计,因其默认小组成员参与的过程中学习会自然发生。

目　录

前　言

　　学习被看作是个人、团队和组织竞争优势的重要来源。为了帮助个人和组织进行学习，无论是理论学者，还是实战专家，都越来越多地需要找到一些有效的措施和手段。据估计，约有80％的学习是在非正式场合发生的。然而，相比于课堂以外的即时学习（just-in-time learning）来说，我们还知道许多有效的培训和教育方式。本书给读者提供了一个建立在非正式学习基础之上的、先进且可以普遍使用的方法——行动学习。

　　近年来，作为一种人才开发的方法，行动学习越来越流行。行动学习"把解决一个实际的课题或问题作为学习的方式"，它围绕着组织和个人所面临的有意义的挑战，通过营造学习环境，帮助人们在工作中成长。尽管行动学习在领导力开发方面日益普及，但它"对于许多人来说意味着更多"。本书旨在帮助读者：了解行动学习的精髓；决定是否以及如何在自己的组织中使用它；了解从其有效实施中能获得哪些收益。

　　行动学习由自上而下的管理机制所驱动，以达到战略目标和目的，但其实现方式却很多。行动学习必须适应每个组织的业务需求、文化和背景，所以作者并不认为某一个特定版本的行动学习是最佳的或唯一的。朱迪·奥尼尔博士和维多利亚·马席克博士给读者提供了一个理解行动学习精髓的框架，并为如何选择行动学习的不同实施方式提供了一些决策工具。他们分享了大量的资源和故事,这些都来自于应用过行动学习的组织机构,他们提供了一个"路线图",通过这个路线图,"实践者可以对如何在自己的组织中设计和实施行动学习做出决策"。

引　言

珍惜生活，就像死神即将来临；热爱学习，就像生命能够永恒。

——甘地(Ghandi)

知识是对昨天的总结，而真正的学习发生于对今天和明天的质疑之中。

——国际行动学习联盟(美国)①

什么是行动学习?

行动学习(Action Learning)是一种人才开发的方法，目前已被越来越多的组织所采用。在世界不同的地方，人们普遍认同从经验中学习、以行动为基础的学习方式，看重从做事中所学到的知识和经验。那么，行动学习是如何从这个已被普遍认同的学习方式中脱颖而出的呢? 在本书的第一章，我们将向您介绍这一过程。

人们以不同的方式来定义行动学习，但其核心不外乎：

行动学习是一种人们共同工作并致力于促进人才开发

---

① International Foundation for Action Learning.

的方法,该方法把完成或解决实际课题或问题的过程作为学习的方式。参与者以小组的方式采取行动来解决问题,并学习如何从该行动中学习。通常来说,一位学习教练会和小组一起工作,以帮助小组成员学会如何平衡他们的行动与学习。

这种学习方式与传统的正规学校教育截然不同。传统的正规学校教育中,大量的已积累多年的知识由专家和其他社会文化的维护者进行传递。这不是说行动学习不重视正规学校教育这种方式,但行动学习的确扭转了人们通过学习来接触和使用这些知识的方式。

行动学习起始于人们所积累的已知已会的个人经验。因此,在一些项目中,参与者会拿到一本名为《领导力》的书,该书包括一些空白的日记页,参与者可以在这些空白页上写下他/她自己从实际工作经验中提炼出来的领导力理念。在整个协作过程中,参与者测试、完善和检验他们对于所面临的挑战和问题的新思路。参与者可能会用到专业知识,但他们必须首先探索"自己的"经验和观点。同伴质疑为这种探索提供了动力,质疑可以使人们从那些自己一直持有但却并未意识到的世界观和假设中摆脱出来。通过同伴质疑、自由聆听和对隐藏在质疑背后的观点的思考,放下对最终解决方案的争辩,参与者可以打开思路,对理所当然的行动产生新的见解。

在许多培训课程(包括以应用为导向的活动)中,行动是为了将所学的内容进行实践。有时候,行动的确是他们学习的核心。例如,为了攀岩或爬山,或者为了玩皮划艇而学习关于绳索的课程。但这些都不是我们本书所讲的行动学习。行动学习的基础是实际工作,而不是其他任何形式的活动。行动学习的参与者是整个过程的核心①,他们不能在遇到具有压力性的挑战时轻易退出,而这个挑战正是行动学习的核心。行动学习的决策要有实际的结果,参与者不能勉强接受一个不具备可行性的解决方案,因为一旦"铃声"敲响,他们就不能从问题面前撤退了。

正如本书所描述的,行动学习建立了一个协同工作以解决实际问题的学习环境。然而,我们也鼓励读者进行这样的思考:当工作挑战出现时,如何将项目中所使用的工具和策略应用到即时性的学习方案之中,和/或如何将这些工具和策略引入到非行动学习项目的课堂培训活动之中。

本书的目标是什么?

本书有三个关键目标:

☐ 行动学习什么时候是满足需求的正确选择呢? 如果已确定选择行动学习这种方式,那么,如何在给定的目标、组织特点和行业文化以及参与者的需求条件下,确定最佳的行动学习设计方案来满足这些需求呢? 本书将帮助读者找到这些问题的答案。

☐ 分享从实践中提炼出来的模板、工具和案例,使读者能够更好地理解什么是行动学习以及如何实施行动学习。

☐ 提供一些基于理论和研究的观点,通过这些观点,读者可以做出人们认为通过学术研究才能够做出的决定和选择。

第一个目标是帮助读者确认,行动学习是不是他们寻觅已久

---

① 原文:have skin in the game,是由"股神"沃伦·巴菲特先生创造的一个短语,即公司高管用自己的钱购买其所经营的公司的股票的情形,所以他们既是投资人也是关键经营者。

的能够解决需求的最好策略，相关内容包括：设计的不同类型、在选择这些设计时需要考虑哪些因素、满足目标和需求的"最匹配"设计是什么等。我们的假设是，行动学习项目必须是有机的，也就是说，它们天然地适合于项目的独特背景和特定的参与者。我们还假设，来自于其他组织的经验教训以及来自于理论和研究的成果可以作为我们设计、实施和评估行动学习的借鉴。

为了达成该目标，我们提出了包括四个行动学习设计流派在内的"行动学习金字塔"概念模型，这四个流派分别是绩效流派（tacit）、科学流派（scientific）、经验流派（experiential）和批判性反思流派（critically reflective）。该模型将在第 1 章中进行介绍。行动学习项目有时看起来像是这四个流派中的某一个流派，但也可能会根据特定的情况将这四个流派的某些方面进行整合。我们以金字塔形式来呈现这个模型，底部是核心要素，然后加入不同的特征。顺着金字塔往上移动，上一层级的设计包括了下一层级的大部分特征，但增加了新的特征，这些新特征来自于对项目、参与者学习和组织因素等其他方面的考虑。读者也可以把这个模型想象成一个带有四个轮幅的中心环，中心环代表从实际课题中学习，四个轮幅代表对关键设计特征的拉力，如图 1 所示。

第二个目标是模板、工具和范例的分享，这些分享将会使行动学习变得更加鲜活。读者看到不同的组织是如何设计、实施和评价行动学习的。从这些分享中，人们可以了解到隐藏在所做选择背后的想法，这些分享将会帮助读者更好地思考他们自己的组织如何做出相关的选择。在开发自己的项目时，读者可以修订和应用这些模板和工具，这样就可以享用其他项目的经验和教训了。

图1　行动学习设计

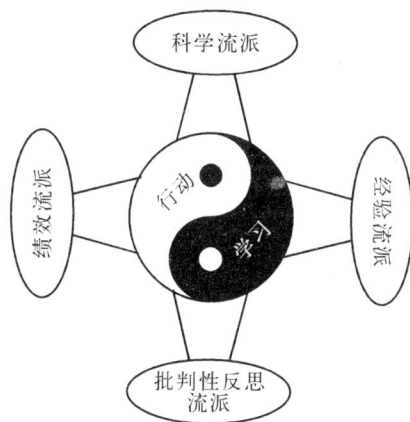

第三个目标是尽可能地依据我们已知的研究和理论来做出决定和选择。行动学习金字塔本身建立在学术研究的基础之上，这些研究来自于朱迪·奥尼尔本人，以及两位作者和其他同事对所实施的行动学习进行研究之后所形成的见解。我们还借鉴和分享了该领域其他关键学者的研究，以便让读者对自己的项目做出相应的选择。理论附录为那些希望更深入挖掘本书背后的学术基础的读者提供了进一步的阅读材料。

行动学习的收益是什么？

行动学习并不是一个全新的人才开发方法，但近20年来，越来越多的公司开始认可和接受行动学习，出现这种现象的关键原因是全球环境的迅速变化。由于环境的快速变化，过去行之有效的方法已经失效，经理人依靠已有的专业知识已不足以应对这种快速变化的环境，组织中的领导人需要不断地寻求解决商业问题的革新性方案。参与者在行动学习项目中解决所面临的新问题，结果是他们学会了从不同的角度来看待自己的工作和组织。然而,仅仅有"正确"的答案是不够的,管理者必须知道如何提出"正确"的问题,而行动学习就是一个聚焦于提问的方法。

组织应用行动学习的原因有很多种,但通常的原因是:行动学习能将学习与业务目标结合在一起。行动学习是一个结果驱动型的学习过程,业务问题的解决方案不但对组织产生了立竿见影、可量化的结果,而且促进了参与者能力的提升。行动学习通过实际业务问题的解决,为个人和团队建立并提供了持续开发其能力的过程。

在快速变化的环境中,领导者必须具有很强的适应性。在工业时代,不断学习是有益的;但在今天的知识社会中,不断学习对于每一位知识工作者来说却是必须的。例如,美国国家教育与经济中心这样描述知识世界:

在这个世界中,日常工作大部分由机器来完成;数学推理比数学事实更为重要;一线工人如果不能对其在造产品的设计做出贡献,他们可能会与这些产品一起过时;汽车修理工面对车内计算机不能按其所设计的功能运作时,必须搞清楚该做些什么;软件工程师同时也是音乐家和艺术家,他们将对哪些人不适合在娱乐行业发展有敏锐的认识;人们会付钱给了解纳米技术的建筑师;建造定制化游艇和渔船的小生意人只有很快学会大量碳纤维科学基础才能够存活下来。

但课堂基础教育(K-12)①还不能为大家的持续学习做好充分

---

① K-12教育,是美国基础教育的统称。"K-12"中的"K"代表kindergarten(幼儿园),"12"代表12年级(相当于我国的高三)。"K-12"是指从幼儿园到12年级的教育,因此也被国际上用作对基础教育阶段的通称。

的准备。除了持续构建自己的知识和专业能力之外，许多领导者还需要在如何从经验中学习这一方面得到帮助。

行动学习使问题解决和从问题解决过程中进行学习得以平衡。这个平衡是通过团队的工作循环来完成的。在这个循环中，参与者以新的方式来看待和思考问题，在工作中采取行动，对行动进行反思，继而开展更多的团队工作，依此循环。通过这个过程，人们学会如何更好地从经验中进行学习。行动学习培育自主学习的能力，它将参与者放置在了一个他们必须对自己"学到了什么"和"怎么学习的"负责的情境之下。最后，重要的是，在今天的网络学习环境中，参与者能够通过合作和社会互动进行学习。他们学会与团队成员一起工作和学习，学会与跨组织的人们谈论所遇到的挑战。行动学习可以培育人际网络构建能力，并提供了与组织中其他部门的关键同事和领导者扩展人际网络的机会。

行动学习还有另外一个对于组织来说具有吸引力的益处。一直以来，组织所面临的一个持续挑战是，如何将所学从教室迁移到工作环境之中。而在行动学习中，由于参与者处理的本身就是实际工作，将他们的学习迁移到工作中就是轻而易举的事情了。正如第五章中行动学习项目评估所显示，这种设计很可能会导致行为和变革在组织中形成示范和传播，即使对于那些并没有成为项目成员的人来说也是如此。在行动学习项目中，当需要对问题采用实际行动时，小组不可避免地要确定并尝试着克服组织上的障碍，并期待着巩固组织的支持，使组织更有可能采纳解决方案。书面建议看起来也许不错，但真正实施时也许就会出现问题。在行动学习项目中完成课题，意味着变革很可能在项目结束前就已经发生了，这个时刻是值得的，因为这将为采用新的方式做事情铺平道路,而不仅仅用旧的"正确"答案。

本书的目标读者是谁?

本书的主要对象是想更多了解如何在其组织中设计、实施和评估行动学习项目的学习和组织发展专家。但本书也可以为下列人士提供帮助:

☐ 想了解在组织中使用行动学习会产生什么影响的管理人员和其他组织领导者——重点关注第 1、5 和 6 章;

☐ 在即将参加行动学习项目前,想对行动学习有更多了解的经理人和潜在参与者——重点关注贯穿本书的故事和案例;

☐ 想更深入了解如何对行动学习提供催化的教练和咨询顾问。与高管教练不同,他们重点关注如何帮助学员更好地从做中学,而不是做什么,以及如何改变这些行为——重点关注第4 章;

☐ 那些讲授人力资源开发、组织发展和以工作为基础的学习(work-based learning)课程的相关人员,以及研究和评估行动学习的人员——重点关注第 1、4、6 章和理论附录。

如何使用本书?

读者可以根据自己的兴趣和需求来阅读和使用本书。我们首先展示了本书的全景地图,然后描述了几个关键特性的基本原理,最后用如何使用理论附录来结束本书。

各章内容是什么？

第1章介绍行动学习的背景和定义，以便让读者彻底了解行动学习以及对它的不同理解。本章介绍了一个框架，以帮助读者就行动学习是否能满足所在组织的需求做出正确的选择。本章介绍和解释了行动学习金字塔，并介绍了一些项目，以说明行动学习的四个"流派"：绩效流派、科学流派、经验流派、批判性反思流派，分别强调什么内容以及为什么要强调这些内容。

在第2章中，我们界定了协同设计行动学习项目的重要步骤。协同设计是指：行动学习教练/顾问（无论是内部的还是外部的）、组织内的人力资源或组织发展部门以及项目发起方（field organization）全部参与，共同为项目的设计提供专业知识和支持。本章确定并讨论了协同设计的17个步骤，不过并非每个项目都需要17个步骤。本章适用于那些设计和实施项目的读者，包括了一些经常会被问及的、有关项目设计的问题。例如，在设计中何时以及如何让主要领导人参与进来；成为好项目的要素是什么；使用小组课题模式还是个人问题模式；是否使用学习教练；确保与其他HR体系的协同；为项目的推进做规划等等。

第3章是支持成功的实施策略。在这一章中，你将会看到：使项目获得成功的元素和执行策略；发起人、参与者和学习教练等关键角色。本章研究了参与者如何进行前期准备，以帮助他们在项目中更好地学习。本章还提供了一些用于小组课题项目及个人课题项目的方法与指南、个人学习目标的处理方法以及如何使用学习日志。最后，我们描述了支持行动学习项目取得成功或导致其失败的一些其他执行要素。

行动学习教练不同于生活教练或关注行为改变的其他教练，行动学习教练创造了学习的空间。这是什么意思呢？他/她是如何成功做到这一点的？在第4章中，我们可以看到教练的背景、价值观和态度是如何影响其实践的。本章包括：如何看待学习教练在四个不同的行动学习流派中担任的角色；根据不同的组织需要，学习教练如何调整其角色；学习教练如何对团队学习过程和学习环境的创造起到帮助作用；教练们如何协同工作；最后，我们讨论了如何培养学习教练。

第5章回答了关于如何评价行动学习项目的问题。你如何确信你所设计和实施的项目取得了实际的成功呢？你怎样让组织了解其所投入的时间、人力和资源正在产生预期的结果呢？我们围绕学习的转化提供了一些理论和最佳实践做法，并讨论了在评估学习成果和如何将学习与实际业务成果挂钩方面所面临的无处不在的挑战。课题本身的评估是一种途径，但在本章中，我们还找到了一些方式来了解学习和发展的好处，而学习和发展正是项目发起的关键原因。

第6章帮助读者反思前面的章节，并重新思考如何在他/她所在的特定组织环境中应用行动学习。本章帮助读者将所有的见解集中在了一起，这既是一个总结，也是对所学内容进行更深入思考的指导，以便让读者可以在组织中重新评估和应用行动学习。本章设计了一个复习表来帮助读者查找书中关于行动学习应用的关键信息；本章还介绍了一个工具，帮助读者判断哪一个流派可能会更适应自己的组织。

本书的特点是什么？

本书有几大特点。特点之一就是使用提问作为标题。使用提问作为标题是因为提问是行动学习威力发挥的驱动力,这与为了得到新鲜见解所进行的质疑是一致的。提问既可以打开心扉,又能够帮助提问者将模棱两可的局面进行情景再现,这种模棱两可可能是由于回答者没有对他们所面临的严峻挑战做好准备所造成的。

　　特点之二是在本书中,我们使用了从各种渠道收集来的引语和故事,以便让读者从不同的角度来理解内容。最后,本书有许多案例、引文及工具类插图,以便把行动学习项目的"声音"带到书中来,使读者身临其境地体验行动学习在不同情境下成功实施的场景。

如何使用理论附录?

　　本书的理论附录由伊莎贝尔·瑞门诺齐(Isabel Rimanoczy)和朱迪·奥尼尔共同编写,读者可以更深入地钻研本书所提供模型的理论基础。当然,并不是每个人都需要读到这个深度,但该附录对于那些想知道行动学习"为什么"和"如何做"的读者会有所帮助。该附录更充分地介绍了每个行动学习流派背后的学习模式。在附录的第二部分,读者会发现更多的有关成年人如何从经验中学习的内容,以及发展性思考如何对成年人吸收和处理从项目中所学到的东西产生影响。

我们对你有何期望?

　　你将要独自去探索上述各章节了。在这次读书的旅程中,我们将玛丽亚·里尔克(Maria Rilke)送给一位年轻诗人的话

送给你:

　　亲爱的先生,我尽我所能地请求你,对你心中一切悬而未决的事物给予耐心,努力去爱上提问本身吧,就像他们是一间锁着的房间或一本用完全陌生的语言所写的书。不执着于询求现在还得不到的答案,因为这样你将无法享受读书的乐趣。当下,要享受这一切,享受提问。也许在不久之后的某一天,那时,在不经意间,你会开始享受这个逐渐找到答案的过程。

第*1*章

做出决策:行动学习适合你的组织吗

即使最聪明的头脑也有未知的领域。

——乔治·桑塔亚那(George Santayana)

如果你不知道要去向何方,就无所谓选择哪一条道路!

——刘易斯·卡罗尔(Lewis Carroll)

今天,领导力开发已经成为了组织的重点,行动学习已成为许多组织进行领导力开发的首选方法。出现这种现象的原因有很多:快速而不断变化的全球工作环境、组织希望看到领导力开发的有形成果、当学习与工作生活相关联时人们更易产生学习动力等。尽管行动学习正在得到普及,但就其真正的定义——从实际工作中学习——来说,对于许多人意味着更多。本书将帮助实践者了解经常使用的行动学习的不同版本,使他们能够在将行动学习导入组织时做出相应的选择。

我们还提供了一些来自于我们自己和其他人的经验教训,这些经验教训可以为应对行动学习所带来的挑战提供一些经验法则。在项目发展过程中,从实际工作中学习常常像其在现实世界中一样凌乱无序。行动学习过程中的实际工作是在一个受保护的环境中完成的,这种环境允许人们犯错误并从错误中学习,正是这种优势,使得行动学习具有吸引力,但同时也加大了计划和控制的难度。行动学习中的实际工作之所以对管理者有吸引力,是因为他们对于处理所遇到的挑战会感到兴奋,并且可以在对组织做出贡献的同时促进自己成长。行动学习中的实际工作意味着现在就可以得到结果,减少了"学习转化"的困难。行动学习中的实际工作有真实的结果,这个结果使其他人及组织的复杂性浮现出来并引起关注。因此,实际工作也意味着,设计者必须创造性地思考如何帮助管理者们从无序的状况中产生学习。本书就是为这些行动学习的计划者、设计者和执行者而写的。

什么是行动学习?

虽然许多组织在"做"行动学习,但形式和方法却大相径庭,所以很难就什么是行动学习得到一个一致的说法。行动学习的本质是"做中学",但这几乎已成为这类知识应用学习设计的核心特征,甚至在大学里,老师也通过案例研究、角色扮演和经验分析等方式,将行动带进了课堂。E-learning 以文本为中心,但互动工具使得行动故事的交流、工作的模拟、甚至从事虚拟活动变得更为容易。面对面培训往往以带有反馈的应用活动为基础,而行动演变的极端是冒险训练、绳索课程、游戏以及其他类型的以体验为中心的活动,这些活动通常与自我洞察和应用有关。

我们不打算一劳永逸地解决行动学习的"黄金标准",但是,了解几种行动学习的不同定义和理解,可以帮助实践者为自己的组织设计和实施行动学习。

行动学习形成的历程是什么?

行动学习不是一种时尚,也不是一种潮流,而是一个有着漫长而丰富历史的过程。回顾历史可以帮助实践者更好地理解如何在组织中应用行动学习。关于行动学习发展历史的讨论要从雷吉·瑞文斯(Reg Revans)开始。

雷吉·瑞文斯在美国以外的很多地方被称为"行动学习之父",他首次提出行动学习这个概念是在他作为 J.J.托马斯(J.J Thomson)的学生完成他的博士论文之时。J.J.托马斯被称为"电子之父",诺贝尔奖获得者,他创建了卡文迪什(Cavendish)实验室,瑞文斯当时就在这个实验室里面开展研究工作。当时,托马斯主持周例会,参加者是 12 位当时和后来的诺贝尔奖获得者,在会议中,他们分享成功和失败,也就是后来瑞文斯所称的"与未知斗争(struggling with the unknown)"。但是瑞文斯幼年的生活似乎预示着,他更加偏好于通过行动进行学习。他的母亲曾是当地一家医院的志愿者,并对当时被认为具有革命性的南丁格尔(Florence Nightingale)思想感兴趣。

瑞文斯的父亲曾作为商船首席调查员为皇室工作,并深入参与了泰坦尼克号沉没事故的调查。瑞文斯回忆说,他们家住在码头上,源源不断地有一些水手们来到他家汇报他们在这艘命运多舛的班轮上的经历。瑞文斯说,他不断地问父亲从这个悲剧中得到的最重要的教训是什么,他的父亲回答说,我们必须学会区分"聪明"和"智慧"。也许这个回答促使年轻的瑞文斯明白,重要的是,要问"为什么",以寻求理解,而不是问"什么",仅仅得到信息。

瑞文斯在英国煤矿和医院的工作使他认识到，工人们所需要的解决问题的知识，必须从他们自己的行动中产生，而不仅仅是对书本的研究。瑞文斯被看作是大学的背叛者，但却被企业和行业的领导者所拥护。很明显，行动学习带来了资源的节约和生产率的提高，这个结果就是最好的证言。瑞文斯强调通过质疑获得新见解的重要性，这是他通过多年努力所提炼出的方法。他认为，提问可以解放头脑，可以用新的方式去思考挑战性的问题，这些问题并不是用显而易见的专业方案就能轻易解决的。那些循规蹈矩的人并没有认同他的做法。

1940年，瑞文斯担任英国国家煤炭局教育署署长。在这个位置上，他成为了教育与产业相交织、理论与实践相结合的倡导者。他认为既然从事类似工作的人们会遇到类似的困难，他们就可以相互提供一个切实可行的解决方案。他认为煤矿管理人员应该相互学习。

他将煤矿管理人员分成小组，在矿井附近一起开会。他们致力于解决煤矿领域的问题，互相参观矿井，相互担任顾问。利用这种行动学习小组的原型，煤矿开采量增加了30%。

瑞文斯还对英国的医疗卫生服务和医院存在的问题感兴趣。他设计了一个项目，在这个项目中，医院工作人员以小组的形式参观另一家医院的操作系统。该项目被称为"跨医院沟通学习"，最终实现了40个相互独立的课题或问题的解决。该项目将工作人员放置在一个新的环境中，从自己专长的角度来检查系统，项目所产生的成果是：死亡率的大幅下降、住院时间的缩短和员工忠诚度的提高。在20世纪70~80年代，瑞文斯最终将他和他的助手提出来的这个概念称为"行动学习"。

在瑞文斯及其助手传播行动学习概念的同时，相似但独立的工作在瑞典隆德也正在开展。伦纳特·罗林(Lennart Rohlin)对其国家的传统管理培训的局限同样不满。1976 年,他带领一个对瑞典的管理和领导力开发不满的学者和顾问团队,通过隆德管理学院(MiL)创建了自己的行动学习品牌。该团队提出了一个开放式的过程,后来被命名为"行动反思学习™"。MiL 方法的一个标志是,让人们从其理解世界的典型方式中摆脱出来。艺术、体育、户外远足或冒险训练是 MiL 项目的核心,如同去一个国家旅行,在那里所遇到的意想不到的事情,会变成质疑自己的价值观、信念和工作方式的丰富题材。MiL 的思维方式包括:采用新的眼光和创新性的解决方案,尽可能打破阻碍管理者看待世界和看待问题的心智模式。

在 MiL 的方法与瑞文斯的方法发展的同时,其他北欧国家的行动学习方法也在发展。在行动学习持续发展之时,美国在干什么呢? 行动学习引入美国的早期努力并不成功,罗林(Raelin)认为,这种早期阻力是由两个原因导致的。

首先,可能是这个国家的公司董事不愿意看到有人戳破组织的关键问题,它是对文化变革的阻力。其次,行动学习不是一个产品或一个结果,它是一个过程,我们往往是结果导向的而不是过程导向的。

国际管理领导力中心(LIM)的一个团队试图将 MiL 的行动学习模式引入公司之中,但直到 20 世纪 90 年代,这个方法才被成功采纳。全球化促使美国的组织采用新的工作方式,这种新的工作方式需要新的领导力类型,一些公司开始尝试自己的行动学习方法。通用电气是这些公司中最知名的。GE 公司业绩上的成功影响其他公司接纳了 GE 公司的行动学习方法，即由顾问诺埃尔·蒂奇（Noel Tichy）构建的行动学习方法，他提倡管理者充分利用"学习时机（teachable moments）"来开发其他的经理人。

如何定义行动学习？

虽然瑞文斯从未给行动学习下过具体的定义，并始终认为没有"做"行动学习的固定方式，但他确实提供了以下的描述。

> 行动学习是一种开发手段，通过认真参与真实的、复杂的和紧迫的问题，参与者付出智力、情感或体力上的投入，使其达成预期的改变，以期从此获得在该问题领域上的可观察到的行为改进。

威利斯（Willis）确定了被她称为"瑞文斯的黄金标准"的 24 项行动学习原则。瑞文斯自己从来没有编制过这样的清单，但佩德勒（Pedler）、伯戈因（Burgoyne）和布鲁克（Brook）在研究英国商业学校的行动学习项目时，根据他们称之为"瑞文斯的'经典原则'的观念（RCP）"或"他五十多年来的大量著作基础上所得出的观念"所做的研究，他们有如下的发现：

☐ 采取行动是学习的基础。

☐ 深入的个人发展产生于对行动的反思。

☐ 要致力于问题（problems，没有正确的答案）而非疑惑（puzzles，受制于专家知识）。

☐ 所提出的问题既包括组织的发展也包括个人的发展。

☐ 行动学习者结成伙伴关系（逆境中的同盟军）（comrades in

adversity)开展工作,他们相互支持和互相挑战。

□ 首要工作是寻找新颖的提问和"q"(质疑性洞察)(questioning insight),而非获得专业知识或"p(程序化知识,Programmed Knowledge)"。

行动学习的定义基于实践者自己对行动学习的应用而演变,这可能会使实践者感到迷惑:什么是真正的行动学习? 表1提供了一些关键的定义。

表1 行动学习的定义

定　义	理论家/实践者
行动学习是一个组织和个人开发的方法,人们以小组的形式一起工作,处理重要的组织课题或问题,并从尝试改变的过程中学习。	佩德勒(Pedler)
行动学习是一个持续学习和反思的过程,同事之间相互支持,共同致力于事情的完成。在行动学习过程中,个人通过真实问题的解决及对自己经历的反思,和他人一起学习并从他人身上学习。	麦吉尔(McGill)和贝蒂(Beaty)
行动反思学习™被描述为: "……在一个行动反思项目(一种形式的行动学习)中,'培训'变成了一个项目,在其中,学习发生于参与者试图解决一个与工作相关的问题之时……行动反思项目的基本特征是:以小组形式解决问题;学习如何学习和批判性思考;提升课题/问题过程中出现的需要提升的能力;发展参与者自己的管理、领导力或员工授权的理论——该理论经过了现实世界和已有信条的检验。	马席克,赛德侯姆(Cederholm),特纳(Turner)和皮尔逊(Pearson)
行动学习就是受控的环境下的一种"做中学",除此无他。	达特里奇(Dotlich)和诺埃尔(Noel)

在表1中,各种行动学习的定义有一些共同的原则。首先,以小组的形式开展工作,以便对有意义的问题采取行动,同时从行动中寻求学习。麦吉尔和贝蒂增加了一个采取行动、通过反思评估

行动、得出结论以及基于这些结论采取下一步行动的周期性循环。马席克、赛德侯姆、特纳和皮尔逊带来了批判性反思的思想，并提倡使用学习教练帮助学习者质疑行动、挑战假设、并承诺采取有意义的行动。达特里奇和诺埃尔对行动学习的看法非常简单，并且回归到了行动学习的根本——"做中学"。

正是基于对这些共同原则的分析，再加上这些理论家和实践者的一些其他想法，我们对行动学习提出了自己的定义：

> 行动学习是一种人们共同工作并致力于开发人才的方法，该方法把实际课题或问题的完成或解决过程作为学习的方式。参与者以小组的方式采取行动来解决问题，并学习如何从行动中学习。通常来说，一位学习教练会和小组一起工作，以帮助成员学会如何平衡行动与学习。

尽管表1中的定义有一些共同点，但当我们讨论不同的方法时，这些差异往往令实践者费解。当人们所使用的行动学习这个术语包括其他类型的、旨在发展特定技能的体验练习时（例如户外探险运动或模拟演习），这种困惑往往会加重。

行动学习是什么？行动学习不是什么呢？人们谈论的所有这些是同样的事情吗？现在，我们需要解决的问题是，如何了解我们所写的这些内容的含义，而非无意义地给出一个纯粹的定义。

"当对行动学习进行描述时，所遇到一个问题是，对不同的人来说，行动学习意味着不同的事情。"通过分析行动学习的四个流派，可以了解这些不同，给这种混乱带来秩序。划分这四个流派的依据是——实践者对于在行动学习过程中"学习如何发生"这一观点的不同认识。这四个流派的创建旨在理解异同，而不打算以任何方式给从业人员贴标签。这些类别的划分是基于文献和与美国、英国和瑞典行动学习从业人员的采访而归纳得出的，所以其他人可能会有不同的分类。这些不同的流派有一些共同的地方，正如我们的定义所示，但关键的区别在于"学习是如何发生的"这一观点，这个观点对笔者如何看待行动学习的过程也产生了新的影响。

这四个流派的区别详见表 2：行动学习的流派。在绩效流派中，主要关注点是行动和通过课题取得结果。绩效流派假定，只要精心挑选的参与者共同努力，做一些团队建设活动，得到来自于企业内外部专家所提供的信息，学习就会发生。在学习过程中没必要设置明确的关注点，这使得学习主要是默会的和附带的。

表 2　行动学习的流派

流派	绩效流派 （Tacit）	科学流派 （Scientific）	经验流派 （Experiential）	批判性反思流派 （Critical Reflection）
理论	附带学习	α, β 和 γ $L=P+Q$	从经验中学习	通过批判性反思 进行学习
实践	达特里奇 & 诺埃尔；蒂奇	瑞文斯；布什克（Boshyk）	麦吉尔和贝蒂；芒福德（Mumford）	马席克；奥尼尔；瑞林（Raelin）

科学流派根植于瑞文斯的研究，他把自己的旨在实现管理目标的方法描述为一个包括 α, β 和 γ 的系统。由于他早期是一位物理学家，该系统的基础是科学方法。学习通过提问而发生，瑞文斯形成了一个学习公式 $L=P+Q$（$L=$学习，$P=$程序化知识，$Q=$质疑性见解）。"P"是"专业知识、书本上的知识、是那些我们被告知要这样做的知识，因为一直以来都是这样做的"。"Q"，指质疑性的见解，被描述为"有辨别力的提问（discriminating questions）"。

作为经验流派的一部分，许多行动学习的支持者把库博（Kolb）的学习圈作为其理论基础。库博强调在认知与吸收信息方面的全人学习维度（通过抽象概念的具体经验）和通过学习（由反思观察和积极实验的结合）将信息转化为知识。库博学习圈强调：通过初次经验进行学习（或经由经验的模拟而进入内心）；对经验进行反思和分享对经验的看法；根据理论来检查这些看法，从而解释发生了什么；把这些理解运用到实践中，并尝试用新的思维和工作方式来进行实验，从而产生一个新的学习循环。行动学习使得学习可以在这个经验学习圈的每个阶段中都发生。因此，行动加上对行动的反思，会提升对"工作是如何完成的"这一问题的认识，给参与者和团队更多的选择来扩展其知识库，从而高效完成工作。

批判性反思流派的实践者相信，行动学习需要超越经验流派所说的简单的反思，要强调"批判性反思"，强调思维背后的基本假设。也就是说，人们认识到自己的看法是有缺陷的，因为自己已经被过滤了，而过滤器正是对家庭、学校和社会遗传下来的意见、信念、态度和感情的不加批判的接受。这种有缺陷的看法往往扭曲了自己对问题和情况的理解。批判性反思可以超越个人，而且会对组织认为想当然的标准进行检视。通过这个流派，参加者可以学会如何提出好的问题，而不是总想着提供答案，可以在没有正确答案时做出更好的选择，可以尝试做事情的新方式，可以更战略性地思考，也可以与不同的观点共处。

对于那些愿意对行动学习的流派有更多了解的读者，可以阅读本书理论附录中更为详细的描述。

四个流派的行动学习项目是如何开展的?

为了使行动学习的讨论从理论落到实际,我们为读者准备了四个真实的项目。我们认为这几个项目展现了四个流派的关键特征。

第一个项目来自于辉瑞公司(Pfizer)的查克·威廉姆斯(Chuck Williams),这个案例体现了绩效流派的许多特征,经理人员致力于实际业务问题的解决,在解决问题的时候,他们得到了新的信息和工作程序,并在工作中得到了专家的协助。这个设计提供了对任务式学习的明确关注,而不强调反思式学习。威廉姆斯还认为,该设计包括有批判性反思流派的元素,因为项目期望参与者和课题能够挑战组织的做事方式。

辉瑞公司的绩效领导力课题

查克·威廉姆斯

辉瑞公司是一个 50 多亿美元的以科研为基础的制药和医疗保健公司,总部设在纽约。当首席技术官(CTO)查克·威廉姆斯在 2002 年年底进入董事会时,他认识到需要使 IT 的战略与组织和辉瑞的战略相一致,需要在迅速发展的商业环境中加快战略的执行。第二,同样重要的需求是,要实现这些结果,就要加速辉瑞顶端 IT 人才领导力技能的开发。最后,辉瑞公司计划开展一个为期 4 年的第二个价值数十亿美元的收购,这需要一种方式,能够使新的制药同事迅速融入到由"老辉瑞人"和前华纳—兰伯特公司的员工所组成的文化之中。

在担任格鲁吉亚-太平洋(Georgia-Pacific)公司首席信息官时,威廉姆斯曾使用过在密歇根大学和GE工作过的诺埃尔·蒂奇所提出的"领导人开发领导人(leaders developing leaders)"的方法论,该项目在处理关键业务问题时快速取得了成果,并且开发了参与者的领导能力。该首席技术官与曾在格鲁吉亚-太平洋帮助过他的Brimstone咨询公司签订协议,以帮助其执行曾在Brimstone取得成功的过程,并提供领导力教练。Brimstone咨询公司的创始人曾在密歇根州和GE与蒂奇博士一起工作过。

第1步:高层团队联盟

该项目的第一阶段被称为"高层团队联盟"。在60天之内,首席技术官召集高级IT领导者脱产参加了两个工作坊,在工作坊中,IT战略和组织的价值观被塑造成了一个简洁明确的"战略业务框架",该框架由关键长期战略、关键指标、年度更新的短周期交付物组成。用辉瑞现有被称为辉瑞公司的"领导者行为"的价值观对IT业务的价值观进行了修正。高层团队联盟的第三个关键组成部分是,要求每位领导者开展一个"学习点(teachable point-of-view)",包括用个人的方式与同事互动,从其他同事那里获得反馈,培养"战略业务框架"的主人翁意识。高层团队联盟的流程设计充分,表现在:描述关键业务问题、业务的内外部环境、以解决问题方式进行团队建设、健全来自于上级、下属和同级的反馈等方面。在第一次和第二次研讨会之间,每位高层团队成员必须回到各自的工作团队中,汇报已具雏形的"战略业务框架"的关键组成部分,收集反馈信息和对于战略、指标和交付物的改进建议。高层团队联盟项目的最终结果是一个三至五年的"战略业务框架",

该框架得到了 60 多位 IT 组织的最高领导人的高度认可。

第 2 步:绩效领导力课题①

该项目的第二个关键组成部分是执行多轮的绩效领导力课题(PLP)。这些课题的主要特点包括:

☐ 每个课题解决一个关键业务课题或问题,且能够在 90—120 天内取得重大进展。

☐ 课题被框定在能在 90—120 天的时间内取得有形的、可衡量结果的范围内。

☐ 课题都配备了 6—8 位高潜力的后备领导者。

☐ 课题团队的结构设置要考虑参与者的平衡。从理论上说,任何团队可以实施任何一个课题。团队通常包括跨部门、跨地区具有不同技能的成员。通常直接与客户接触的部门、金融、项目管理、风险管理和技术操作各方面的专家会加入到不同的团队中。创建这些平衡的团队是一项重点工作。

☐ 目标是实现经营业绩、开发领导力和成熟度,并加速组织转型。团队成员不得放弃他们的正常工作,但鼓励他们尽早与上司就合理的期望进行谈判。

角色:

☐ 团队参与者。在现有工作上具有高绩效、具有快速发展为领导者角色的高潜质、在辉瑞公司内部的 360 领导行为调查中良好得分的人员。

☐ 发起人。每个团队都有一或两个高层发起人,其主要目的是在解决业务问题时,给团队提供资源和指导。发起人通常是前一个周期 PLP 的参与者。许多前参与者都成为了优

---

① Performance Leadership Projects,简称"PLP"。

秀的发起人。

　　□ 领导力教练。每个团队都有一个外部教练，也有一个
来自于辉瑞公司人力资源组织的内部教练。外部教练对 PLP
的过程和机制都非常熟悉，并对发起人和团队成员提供直接
的一对一教练。教练无论在工作坊中，还是在每周一次的小
组会议中都发挥着重要的角色。PLP 进程不指定组织、控制
和领导团队的方法，团队成员必须自己决定他们要如何完成
工作。

　　□ 高层所有者。首席技术官负责领导项目，在选择项目、
分配小组成员以及明晰项目的目标和角色时提供协调和帮
助。高层所有者和发起人都在研讨会上担任老师。

　　科学流派最好的案例是瑞文斯自己的一个项目。GEC① 的项
目是瑞文斯最初的项目之一，体现了 α、β 和 γ 应用系统。

通用电气公司

　　瑞文斯重点记录的项目之一是英国通用电气公司（GE）的
项目。20 世纪 70 年代初，GEC 总裁阿诺德·温斯托克（Ar-
nold Weinstock）先生提出了开发高级业务管理人员的管理能
力的需求。与此同时，温斯托克在电视上看到了瑞文斯有关
行动学习的讨论，就请他的私人助理预约探讨设立基于行动
学习的管理开发项目的可行性。1974 年，高级管理者开发项

---

　　① General Electric Company 英国通用电气公司。

目（DSMP1）①在三个组织的合作下正式推出，这三个组织是：
GEC；行动学习国际项目（Action Learning Projects International，ALP）——通过项目咨询师的角色（类似于学习教练）协助 GEC 设计和运作项目；Dunchurch 工业职业学院
（DISC）——负责两个室内课程，并提供其他方面的专家支持。

第一个项目包括 21 位高管，他们被分为四组（队），每组 4—6 人。要想被选入这个项目，每个人都需要证明其在工作中的价值，并且具备晋升到高级综合管理者所必需的潜质。他还必需有能力发展自己的优势和 GEC 的优势，并相信该项目将大大有助于这方面的发展。各小组与来自 GEC 和 ALP 的项目顾问一起工作。

DSMP1 历时八个月。参与者在他们的行动学习课题上全职工作三个月。他们参加两个室内课程：一个在项目的一开始（两个半星期）；一个在项目进行当中（一个星期），研讨会由参与者自己组织，每个行动学习小组在整个项目中一周开一次讨论会，每次一天。

关于课题，参与者有四个选项可以考虑：

选项 1：在 GEC 经营的公司之间交流

选项 2：留在自己的 GEC 的公司（允许高级管理人员对参与者保留控制权）

选项 3：留在自己的工作上（把自己的工作作为课题）

选项 4：与非 GEC 的公司进行交流

每个参与者都有自己的课题，而不是小组课题（这是美国以外的其他国家行动学习的通用设计）。一旦该课题被选定

① 即 Developing Senior Managers' Programme。

或指定，参与者诊断问题，提出解决方案，并说服该组织的成员和客户接受他的诊断和行动建议。有时，这个行动也包括参与者自己。在小组的每周例会上，与会者回顾各成员的进展情况，就诊断情况进行讨论，并讨论如何找到所需信息。

项目结果由所有人员进行审查和讨论。已经讨论过的组织层面的影响包括：为了课题的完成，开放 GEC 内可利用的资源；揭示出与高管沟通不顺畅的地方；改善高层和中层管理者的沟通。个人成果包括：头脑的更加开放、个人主义的减少、协作式团队管理方法的增加——随着项目的深入，管理者和参与者提升了处理更广泛的企业问题的能力和意愿。

美国新泽西州电力公司的 LIRW① 项目是一个经验流派的案例。客户鲍勃·布朗宁（Bob Browning）认识到了组织变革的需求，但他认为，基于公用事业部过去的保守状况，公开的批判性反思项目将不适合于组织的文化。该项目包含了许多经验流派的元素，使用了学习风格测试问卷。一旦这个项目站住脚，取得了一定层次的改变，批判性反思元素就更容易被接受了。

新泽西州电力公司的 LIRW 项目

文/朱迪·奥尼尔 学习与领导力公司总裁与合伙人

1996 年，我们为新泽西州电力公司（PSE&G）设计了一个行动学习项目，该公司隶属于财富 200 强全球能源服务公司——公共服务企业集团。PSE&G 公司当时正面临着一个挑

---

① 即"Leadship is Real Work"。

战——将公司从带有命令—控制等级制度的垄断企业改造成一个能在竞争环境中取胜的企业。该组织已做了一些尝试着向变革迈进的培训举措,特别是质量培训举措。尽管他们认为这些举措有一些成果,但课堂学习却几乎没有转化到工作中。

这时,项目发起人的副总裁皮特·塞斯特罗(Pete Cistaro)向领导力和专业开发小组寻求帮助。小组经理鲍勃·布朗宁依次和学习与领导力公司的合伙人沟通,请他们帮助设计行动学习项目。鲍勃熟知行动学习,并且看到了行动学习作为一种突破性变革的干预措施在弥补培训缺陷方面的潜在价值。学习与领导力公司的合伙人和 PSE&G 公司联合设计了一个被称为"领导力就是实际工作(LIRW)"的行动学习项目,该项目的目标包括:

☐ 增强人们之间的沟通和彼此的互动。

☐ 将质量工具和行为纳入组织运作之中。

☐ 开发和使用问题解决技术和教练技术。

☐ 建立一个开放和信任的环境,把冲突放在桌面上。

根据该组织的需求和当前的准备度,合伙人推荐了一个主要体现经验流派要素的设计,不过,在项目进行过程中也加入了一些其他元素,以便让参与者通过批判性反思进行学习。

LIRW 行动学习项目从 1996 年延续到了 2000 年,包括两个试点会议,一个是为高级领导人设计的试点,共有 250 多名参与者参加了 9 个例会。在每个例会项目中通常有 4 个组,每组包括 5—7 名参与者。参与者代表该组织 6 个不同的公司,并且不是该课题的专家人员。在 6 周的时间里,小组聚在一起开会的时间是 6.5 天,在这 6 周里,小组与一个大的、以小组形式开展学习和课题工作的团体联合工作。学习教练参与每个小组的会议，但在两次正式会议期间召开的研讨会议，学习教练则不参与。项目的最后一天安排的是一个学习收获的演讲和项目介绍会，向团体、高层领导和项目发起人汇报成果。

每个小组研讨一个业务课题，作为课题的补充，每个小组成员会选择1—2个个人学习目标，在整个项目中，小组成员要通过在团队及工作中的努力来实现这些个人学习目标。每个课题都有一个发起人，他们是组织的高层经理人，对课题感兴趣，并有能力支持建议的落实。根据朱迪·奥尼尔与组织的协议，发起人也是开发的对象，所以，学习教练与发起人签订了合同，来达成他们自己的个人学习目标。

学习教练创造了一个完成课题与从课题中学习相平衡的情境，从而为团队提供帮助，他们使用学习风格量表来创设体验学习的情境，使参与者能够理解从经验中学习和在研讨期间不断反思的意义。

由罗伯特·沃德所描述的伯莱克斯（Berlex）的项目，带有批判性反思流派的关键特征，反思使得参与者浮现、检视和挑战自己的观点、信念以及组织的规范。当参与者将工作与个人学习目标连接起来时，这完全是真实的。

伯莱克斯企业发展项目

文/罗伯特·沃德，leadership Bridge 公司总裁

伯莱克斯企业发展项目是一个为期六个月的行动学习项目，该项目是 Schering AG 组织内部高潜领导人开发的全球战略的一个组成部分。伯莱克斯实验室是在 94 个国家拥有

21000人的全球制药组织 Schering AG 组织的美国分公司。

2001年,Schering AG 组织着手建立一个全球性的矩阵结构的组织。这一变化的推动因素是强调通过发展美国业务来促进增长。作为长期战略的一部分,这家全球化组织把这个提升管理与领导力项目的需求确定为:改进绩效文化和开发全球化能力。为了实现这个目标,伯莱克斯实验室决定把行动学习项目作为其整体领导力开发战略的组成部分。

该项目的目的是建立伯莱克斯组织内部的高效领导人后备计划。项目目标包括:帮助学员——

☐ 开发领导技能,使他们的工作能够超越目前的水平。

☐ 更容易地从争辩转换到决策和执行。

☐ 磨练人际关系和咨询技能,提高影响他人的能力。

☐ 开发自我觉察和自我发展能力。

☐ 学会更有效地通过经验进行学习。

在超过6个月的时间内,该项目召开了10次面对面的会议。会议每个月召开一次,第一次会议是三天时间,以后各期为两天时间。该项目有14位参与者,分为两个人数相等的课题小组。每个小组都有一个对组织来说具有战略意义的课题,而且该课题超出了他们的责任和能力范围。每个课题团队有一位学习教练,每一个课题都由一位高层作为发起人。

由高管团队选定的行动学习课题有:

1. 怎样制订更好的继任规划,即在组织各个层级建立所需的后备力量?

2. 在整体营销战略中,电子信息扮演着什么样的角色?电子信息是医药销售代表所使用的一个数字设备,是加强传统营销投资的一个应用技术,同时为每位客户定制营销方案。

　　该项目的设计允许参与者在预定的会议之间安排时间完成课题，并收集更多的数据和信息。

　　设计中加入了几次用于程序化学习的会议，以促进和提供学习的机会。首先，每位项目参与者都有一个个人学习目标，这个目标是根据多方位的评估以及与他们的经理和学习教练的讨论而制定出来的。第二，安排了一些及时性（just-in-time）学习课程，包括批判性思维、会议管理、高效决策、战略思维和冲突管理。最后，给所有参与者提供了 MBTI 性格类型指标测评和学习风格测评，以使他们更好地理解自己和他人。

　　尽管内容是一个重要的组成部分，但实际学习过程主要是通过对课题和个人学习目标的质疑和反思来完成的。尽管伯莱克斯企业发展项目的理论方法关注批判性反思，但在批判性反思流派和经验流派之间的转换也是理所当然的事。因此，从经验中学习也包括促进反思的质疑性洞察和/或广泛使用参与者对于课题的思维方式、个人学习目标和课题经历的批判性反思。学习教练对于项目过程至关重要。通过提问，学习教练帮助参与者反思自己的思维和行动，并对小组在一起工作的情况进行观察和提供反馈。

如何决定是否使用行动学习？

　　正如我们所看到的各种行动学习项目一样，决定一个组织是否采用行动学习作为干预手段并非易事。这一决定过程实际上需要两个步骤。首先，决定行动学习是否是满足组织需求的正确干预手段。如果这个问题的答案是"是"，那么第二步，决定哪一个流派最适合组织的需求和文化。

对于上述所要做出的决定，我们可以提供如下帮助。首先，我们提供了一个调查问卷，"组织什么时候能从使用行动学习中受益？"（见表 3）。如果您的组织确实能从行动学习中受益，行动学习金字塔（图 2）将帮助你决定使用哪个流派比较合适。所有组织都有问题需要解决，也有许多方法来开发领导力，要找出行动学习是否可以帮助您的组织解决问题和开发领导力，请回答表 3 中的问题。

表 3　行动学习组织准备度评估表

你所在组织的问题是：	YES	NO
1. 没有人知道问题的答案吗？	☐	☐
2. 是关键紧迫的业务问题吗？	☐	☐
3. 是对业务成果产生影响的问题吗？	☐	☐
4. 强制的、非结构化的提问吗？	☐	☐
5. 该问题没有人知道如何去解决，但很多人对此都有见解吗？	☐	☐
6. 对于该问题，通常的问题解决技术可以找到可接受的答案吗？	☐	☐
7. 该问题可能通过系统分析解决吗？	☐	☐
8. 组织认为领导者有必要学会如何学习吗？	☐	☐
9. 组织需要变革或转型吗？	☐	☐
10. 组织成员普遍接受改进组织学习的需要吗？	☐	☐
11. 组织成员因为提出好问题受到奖励了吗？	☐	☐
12. 鼓励组织成员花时间对经验进行反思吗？	☐	☐
13. 管理者与员工之间、跨业务单元或团队之间可以自由沟通吗？	☐	☐
14. 冲突浮现出来并被处理而不是被压制吗？	☐	☐
15. 组织计划开发经理人和高管的领导技能吗？	☐	☐

图 2 行动学习金字塔

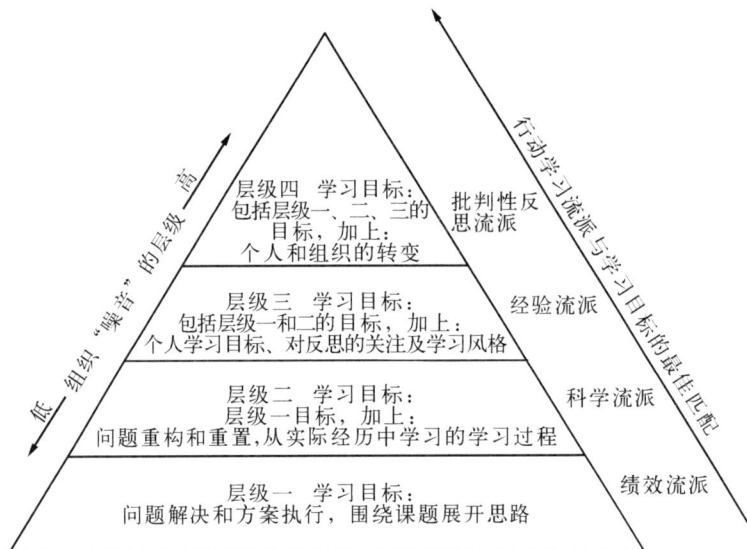

如果你对问题 1—5 的回答是"是",行动学习可能是解决组织问题的一个合适的干预方法。但如果你对问题 6 或 7 的回答是"是",传统的解决问题的方法可能是更好的选择。

为了使行动学习这种解决问题和/或人才开发的干预方法取得成功,组织必须有一定程度的准备。准备程度的一些重要元素参见问题 8—15。如果你的回答是"是"的问题超过一半,您和您的组织将可能适合应用行动学习金字塔中的某个行动学习流派。

约克斯、奥尼尔和马席克构建了行动学习金字塔,以帮助实践者根据不同的准备程度和预期成果选择不同的行动学习流派和项目。要有效地使用行动学习金字塔,需要考虑三个要素。首先,考虑该组织应用行动学习的准备程度。第二,确定项目、参与者和组织期望的学习结果。第三,确定组织想要从项目结果中得到的影响。金字塔对流派进行排序的依据是学习的类型和期望的项目成果。从金字塔的底部到顶部,学习和项目所能取得的成果变得更加复杂、关键和不确定。越往金字塔的更高层级,学习在系统中产生的"噪音"越多,因此,组织变革的杠杆会更多,对这个过程的阻力也会更大。"噪声"可以看作是当要求人们对根深蒂固的假设、心智模式以及组织以前并没有当回事的课题进行反思时,人们对参与者所制订的方案的挑战性意见。项目所产生的潜在"噪音"越多,组织对于行动学习和变革的准备程度就越重要。

在金字塔的第一层,学习目标集中在解决问题和执行任务/问题的解决方案上,重点是战略性的课题和开发战略业务视野。这四个流派都希望提供而且能够提供这种类型的学习。然而,如果它是项目的首要目标,绩效流派可能是最好的选择,尤其当项目的目的是要强化现有的强劲文化之时。吉姆·诺埃尔、戴维·达特里奇和诺埃尔·蒂奇是相信这个流派的理论家和实践者,他们在GE 开发出了一种流行的行动学习做法。经理人集中在一起完成一个实际的业务问题,人们被假定正在学习,因为他们正在一起应对新的挑战。根据需要,他们获得了新的信息,而且可能会使用新的工作程序,专家会对这个过程提供指导,但其明确关注点在于任务和问题的解决,而不是对于正在学习的内容的反思。

金字塔的第二层则开始对任务的学习目标进行反思,在问题解决和执行之外还强调了问题的重构和提出,它还期望参加者能够从这个过程中获得技能的提升,并将所学的技能进行应用。科学流派、经验流派和批判性反思流派都可以提供这种类型的学习,但如果项目的目标仅限于这种学习,类似于瑞文斯的科学方法的项目可能是最合适的。

尽管布什克(Boshyk)强调了他与传统的瑞文斯方法的区别,但他称之为"**业务驱动型的行动学习**"(Business Driven Action Learning)依然有一些要素与这个流派的做法相一致。布什克讨论了业务驱动型行动学习的五个关键要素，其中三个接近于瑞文斯的想法。首先，他所说的行动研究的使用与瑞文斯倡导的科学方法基本一致。第二，强调执行，这一点瑞文斯也认为很关键，但这并不是所有行动学习项目的组成部分。第三，布什克提出通过团队合作和教练的方式来开发人才。虽然瑞文斯不提倡学习教练的作用，但也不见得布什克要使用学习教练本身，瑞文斯的确相信个人的发展要通过团队来完成。

在金字塔的第三层，我们在已描述过的问题解决、问题重构等目标的基础上，添加了明确的有关个人发展、自我认知和学习风格的目标与产出。由于这一层级的行动学习加上了学习教练的价值，学习目标也添加了对个人发展和问题解决的反思，经验流派和批判性反思流派比其他两个流派更有可能促进这种类型的学习。经验表明，如果没有学习教练强化项目的目标，学习往往会被对任务的关注所驱动。这个流派的案例——PSE&G公司和VNU的项目将在后面的章节中讨论。另一个著作等身的理论家和实践者阿兰·芒福德的行动学习也符合这个流派。他认为，行动学习项目的设计不仅要在提升学习能力方面，而且要在学会如何学习方面提供帮助。他与彼得·哈尼（Peter Honey）一起研发的学习风格问卷被这个流派的许多行动学习项目所使用。

除了围绕任务的学习目标外，金字塔第四层的目标和成果包括个人和组织文化变革的质变学习（transformative learning）。批判性反思流派提供了这种学习和文化的变革。学习教练在项目中创造安全的氛围，参与者在其中很放松地检视自己的信念、经验和规则。本书大部分的内容属于这个流派。我们相信，花时间进行反思是非常有力量的，批判性反思更有力量，因为它直指问题的根源。通过这种类型的反思，经常会出现对现有问题的重塑这种现象，因为人们揭开了潜藏的错误理念、规则和期望。

　　瑞林认为，公共集体反思是行动学习影响力的核心。他认为，开发反思能力的原因有以下几个：首先，管理者往往意识不到其行动的后果，因此他们不能改变后果。第二，没有反思，管理者不能消除他们所拥护和他们实际所做两者之间的差距。第三，没有反思，由于人们的工作方式的偏见所导致的错误就不容易被发现和纠正。最后，新情况的出现产生了新的环境，这需要对过去有效的思维方式进行重新思考。对于这种再思考来说，反思是必要的。个人反思是有益的，但没有交流，反思中的想法就难以得到充分的扩展。行动学习提供了一个质疑见解和对话的平台，可以帮助管理者重塑新思维。

　　康格（Conger）和本杰明（Benjamin）研究了许多行动学习项目，同意反思是行动学习的重要成分，但通常反思在许多项目中却并不充分或不深入。他们指出，反思在他们所研究的众多项目中，一般仅仅安排在项目会议的最后一天，即参与者汇报项目成果之时。相反，他们建议抓住"参与者在项目上对学习或对工作进行反思的日常机会"。这样的话，人们会在每一次会议中都能从"所做"中学习到更多的东西。更重要的是，反思实践的项目模式将会帮助参与者在项目结束回到工作岗位之后做好工作的接续。

　　金字塔概念也有一些注意事项。因为在项目假设和设计上的差异，我们认为，批判性反思项目可以最大限度地促进个人特质的质变学习。然而，这种学习并不能得到保证。这种发展类型的学习不是完全根据公式或技术就可预见到或可控制的。对于一些人来说，有可能在其他流派所设计的项目中，也可以亲身体验到质变学习。

　　成功取得质变学习成果在很大程度上依赖于学习者对于将要

面临的状况的准备程度、学习经验以及组织对项目的准备程度和对参与者的支持度。我们的研究显示了批判性反思行动学习项目的学习产出范围,当然也包括所产生的抵制。话虽如此,我们依然相信,相比于金字塔底部的项目来说,金字塔顶部的项目更容易触发组织文化的变革,即使这种结果不保证会发生。带着这样的分析,我们来看下一章——确保结果:行动学习项目的协同设计。

第2章

确保结果:行动学习项目的协同设计

学而不思则罔,思而不学则殆。

——孔子

最好的学习发生于真人真事和真实的生活中,而非教室里。

——查尔斯·汉迪(Charles Handy)

行动学习的协同设计意味着来自内外部的行动学习顾问、组织中的人力资源或组织发展部门以及项目发起方一起参与设计的过程,这三方为行动学习项目的设计带来特有的知识和支持。协同设计过程包括17个步骤,我们将在本章中一一讨论,当然,并非每个项目都需要所有的这17个步骤。

伯莱克斯企业发展项目说明了三个关键角色组参与设计过程的重要性。

伯莱克斯企业发展项目

文/罗伯特·沃德 leadership Bridge 公司主席

该项目是由学习与领导力公司合伙人、伯莱克斯人力资源部、首席执行官和高层委员会成员共同提出的。在项目发展过程中出现的一些关键成功因素是取得整体效益的必备条件。

　　第一个关键因素包括 CEO 和高层委员会成员参与项目设计、参与者选择、项目发起等环节；小组全身心投入到自己所修订过的行动学习项目之中，以充分了解项目如何运作，并且"言行一致"地关注领导力的开发；CEO 和高层委员会级别的支持，为项目的成功铺平了道路。

　　第二个成功因素是，待解决的组织问题是由 CEO 和高层委员会提出的，且他们也是参与者。组织问题选择的标准是：(1) 是一个通常由高层来决策的问题；(2) 问题跨越了组织的界限和功能；(3) 是一个复杂且没有已知解决方案的问题；(4) 在项目的时间框架内可以采取行动；(5) 循规蹈矩的人不认同已有的解决方案。在高层选择和定义组织问题的讨论中，最后这条标准是显而易见的。选择出对组织重要的、有意义的"实时（real time）"项目，是这一过程的最终结果。

　　同样重要的是项目参与者的选择。选择标准是：参与者背景、工作经验、年龄和性别的差异最大化；具有较高的领导潜质；入司一年以上；不是与主题相关的专家。尽管问题和参与者的选择引起了不少争论，最后还是得到了整个高层委员会的认可。

　　第三个成功因素是人力资源部门负责人和学习与领导力公司合伙人在协同设计和组织项目时所做的大量的、有意义的前期准备。

什么是协同设计？

大多数促进变化和发展的干预措施是由组织内外部的顾问来

实施并呼吁组织采取行动的。舍恩(Schein)把这种方式称之为"专业采购模型(The Purchase of Expertise Model)",也就是说,组织内的人定义需求,并确定组织自身无法处理这个需求,从而寻求外部顾问来提供信息或服务。协同设计,尤其是像行动学习这样有巨大变革潜力的干预方法的协同设计,涉及的人员基本相同,但却有不少差异的动态性,如图 3 所示。

图 3　协同设计过程

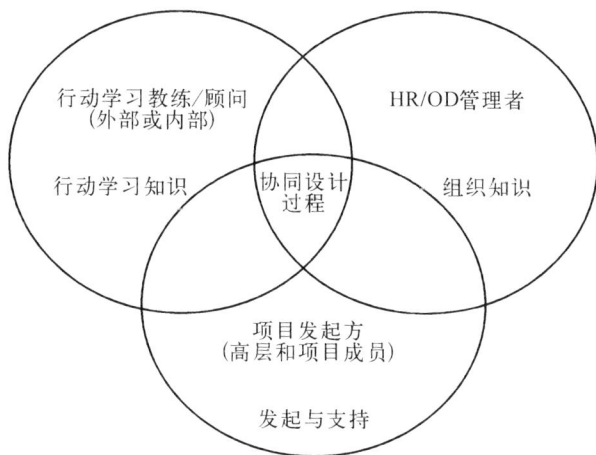

行动学习教练/顾问
(外部或内部)

HR/OD管理者

行动学习知识　协同设计过程　组织知识

项目发起方
(高层和项目成员)

发起与支持

每个行动学习项目都应该根据组织的需求和能力进行独特的协同设计,设计出来的项目必须与企业文化、课题以及项目目标相匹配。既然行动学习旨在引领变革,有时甚至是促进组织转型,在决定项目应该是什么以及如何做时,组织内人力资源/组织发展人员和项目发起方的参与非常重要。通过这种参与,项目发起方可以建立起参与者所有权,这对于项目的成功非常必要。通过协同设计这一过程,行动学习顾问还可以确保设计的触角延伸到了组织的内部,而不仅仅是一个突破点。

为了说明协同设计的重要性,让我们回到本章开头介绍的伯莱克斯的案例吧。正如沃德所强调的,项目成功的关键是 CEO 及来自所有业务部门的高层团队成员的尽早和系统的参与。由于他们所做的有意义的工作,CEO 及来自所有业务部门的高层团队成员的参与得以保证,这两个角色及其工作是:作为 HR 角色的有意义的工作以及作为行动学习教练/顾问,为了完成协同设计所进行的参与和努力。

项目发起方的参与如何对项目的协同设计提供帮助,从而使项目更容易被接受和取得成功呢? VNU 的开拓项目说明了这个问题。

VNU 的开拓项目

文/霍利·奥格雷迪　VNU 集团

2003 年,尼尔森(ACNielsen and Nielsen)媒体研究公司的母公司 VNU 集团推出了在北美业务区开发新任领导者的开拓项目。

该项目是与学习与领导力公司合伙人协同设计的,支持 VNU 集团的组织目标——拓宽未来高管层对业务的理解,并在其职业生涯的早期阶段识别未来的领导人。行动学习对于该组织来说是一个全新的方法,因此学习与领导力合伙人在帮助 VNU 集团确定设计过程中的重要因素方面发挥了重要作用,例如项目的时长、团队发展和教练角色等。

截至 2006 年,三个班已经完成了开拓项目。每个班有 22 名参与者,他们参加四个模块的学习,持续时间为 9—12 个月。参与者是根据他们在其业务单元中的领导能力及持续的高绩效记录进行提名的。虽然参与者名单最终由业务领导来批准，但人力资源领导者顾问委员会也提供了建议，以确保每个班级中参与者的工作角色、地区和公司具有代表性。

我们把行动学习定位为整个项目的枢纽，因为它能使参与者在完成项目的同时，对 VNU 集团有更深入的了解。行动学习也给参与者了解其领导风格创造了一个平台，因为他们每个人都有机会为小组会议提供引导，并对自己对项目的贡献负责。

每个模块的议程都要考虑如下因素：高层管理者代表、其他与行动学习项目相关的专家代表和团队完成课题的时间，每个议程都是这些因素之间的一个平衡。每次会议还包括学习教练对团队的反馈、个人评估以及一对一教练。

推出第一个项目之前，VNU 集团人力资源负责人表达了一些疑虑：议程中的很多时间留给了小组会议，但没有关于小组如何使用这些时间的说明。为了解决这个疑惑，我们开发了一个工作簿，该工作簿相当于一个指南，向参与者和其他人介绍了在整个项目中所使用的行动学习的流程和即时干预措施资源。该手册的主要内容包括：

- ☐ 为有效的团队合作签订/建立基本规则。
- ☐ 行动规划循环圈（the Action Planning Cycle）。
- ☐ 团队工作及可能的团队角色。
- ☐ 共识和决策工具。
- ☐ 开展调查采访的指南。

PSE&G 公司也是一个很好的案例。为了推动组织转型和领导力开发，PSE&G 公司所推动的行动学习经历了很多阶段。最初的设计主要是由外部顾问和内部人力资源完成的。试点之后，人力资源及直线管理部门提供了很多信息,以重新设计和建立支持该措施的企业流程,高层管理者在外部顾问的强力支持下对这项工作提供了指导。

PSE&G 公司成立了一个咨询小组,小组成员来自组织内不同集团的联营公司,职责是推荐课题并担任发起人。他们通过使用项目评估数据、规划项目的未来战略和发展方向,使项目成为一个"进行中的工作(a work in progress)"。

要使协同设计有效进行,必须进行协作。表 4 是在协同设计过程中三方之间合作的一些方式。

表 4　协同设计过程中的合作

公司	关键利益相关人	内部资源	外部顾问的角色
VNU	CEO 高级业务负责人 人力资源负责人	项目经理	与项目经理合作共同设计项目,以适应组织的需要;与发起人合作,确定适当的行动学习项目;作为 SME(内部课题专家)参加汇报会议。
伯莱克斯	CEO 执行委员会	HR 总监	与项目经理合作共同设计项目,以适应组织的需要;与发起人合作,确定适当的行动学习项目;联合 HR 总监为高级领导会议提供教练;作为 SME参加汇报会议。
PSE&G	副总裁 高管领导力团队	OD 总监	与项目经理合作共同设计项目,以适应组织的需要;与发起人合作,确定适当的行动学习项目;作为 SME 参加汇报会议;联合 OD 总监为咨询小组提供教练。

行动学习项目协同设计和实施过程中的参与指什么?

无论组织认为哪个流派更适合自己,在协同设计过程中都有一些类似的步骤,一些步骤适合某几个流派,也有一些步骤只适合某个特定的流派。表 5 显示了我们通常使用的协同设计步骤。表中有 17 个步骤,但并非所有的步骤都需要同时使用,尤其涉及到是以小组课题为基础进行项目设计还是以个人问题为基础进行项目设计之时。我们逐个来分析。

表 5　项目协同设计的步骤

		小组课题	个人问题
1	获得高管的支持		
2	建立战略任务		
3	确定主要关注点		
4	确定是小组课题还是个人问题		
5	确定学习教练		
6	选择参与者		
7	确定发起人		
8	选择课题		
9	确定项目时长	确定项目时长	
10	协同设计以保证成功	协同设计以保证成功	
11	确定"P"学习	确定"P"学习	
12		选择问题	
13	选择个人学习目标	选择个人学习目标	
14	安排导入/介绍工作坊		
15	确保与 HR 系统的统一和协调		
16	实施推进		
17	协同设计评估		

第1步:为什么要取得高层支持? 如何保持这种支持?

第 1 步是确保高层管理人员的支持,许多学习和发展的干预方法都需要这个步骤。康格和本杰明的研究结果表明，高层管理者的参与极其重要。正如在行动学习金字塔中所说的，行动学习会在组织中产生一种"噪音"，这个"噪音"既可以看作是一个机会，也可以看作是改变现状的威胁。因此，行动学习项目可以被看作是一个刺激改变的契机，这个契机是围绕所研讨的问题开展的。同时，该项目还特别容易受到批评和被政治所操纵。与高层管理者一起工作，获得他们的拥护，对于处理潜在的阻力和确保成功非常重要。

为了确保高层管理者的支持，马奎特（Marquardt）建议要回答如下问题：

☐ 高管对行动学习支持吗？

☐ 他们了解所带来的利益和期望吗？

☐ 他们会对行动学习小组提供时间和资源支持吗？

☐ 他们意识到并支持行动学习将会产生的潜在的文化变革吗？

☐ 他们和潜在的参与者及这些参与者的上级经理们讨论项目及其目标了吗？

☐ 他们将如何处理行动学习小组的建议和行动？

获得高管支持的一种方式是用好高管研讨会（见表6）。通过这种类型的研讨会，可以完成许多与该组织高管沟通的重要步骤，可以让他们通过参与行动学习活动、讲座以及讨论（即，通过行动和学习）等方式来了解行动学习。行动学习项目可能会在组织中产生"噪音"，所以，学习同行的成功经验对于了解高管什么时候应该对这类项目提供支持也非常有用。最后，这种会议可以让高管花点儿时间来关注和反思一下如何在组织中推进行动学习。

表 6　高管研讨会

第 1 天
行动学习概述
—过程描述
　　—课题和成果范例等

与其他组织的高管研讨其在行动学习方面的经验
　　—预先确定兴趣/关注的问题领域
　　—可通过电话会议进行

以行动学习小组的方式研讨:如何在组织内推进行动学习?
　　—和学习教练签订合同
　　—使用行动规划循环(见第三章)
　　—反思(见第三章)

第 2 天
继续以行动学习小组的方式进行

在适当课题上的即时学习(Just-in-time learning);例如
　　—TALK 模型(见第 3 章)
　　—决策工具
　　—对话

第 2 步:什么是战略任务?

　　第 2 步是建立战略任务(或对组织来说比较紧迫的关键业务),正是这个战略任务(或关键业务),推动了行动学习项目的开展。尽管行动学习项目应与组织的 HR 系统相一致,但它不是一个 HR 项目。人才开发是行动学习项目的重要组成部分,但并非全部。行动学习是课题和人才开发之间的一个平衡,即工作与学习之间的一个平衡。如图 4 所示。关于战略任务的一些示例,请看表 7。

图 4 平衡行动和学习

而不是:重学习,轻行动

也不是:重行动,轻学习

表 7　战略任务

PSE&G	将组织从命令——控制层级制的垄断组织转变为一个在竞争环境中取得成功的组织。
VNU	未来的高管团队对全业务有更广泛的理解,并在其职业生涯的早期识别未来的领导人。
辉瑞	组织需求: • 调整 IT 的战略和组织,使其与辉瑞的公司战略相匹配 • 在迅速发展的商业环境中加快战略的执行 • 加速开发高级 IT 人才的领导技能 • 实现新医药同事与原辉瑞和前华纳——兰博特(Warner-Lambert)同事的文化整合
通用电器	如何将公司文化从以关注国内、工程师式思维转向积极进取的全球化视野和商业思维转型?
强生	重点是将人力资源作为竞争战略; 在公司的优势业务上迅速传播公司战略; 积极主动了解不断变化的业务环境; 强化公司的价值观和文化。

　　了解项目的战略任务对于协同设计流程来说非常重要。丘博(Chubb)保险集团的领袖成长项目是战略任务如何影响行动学习设计的很好例证。

丘博集团的领袖成长项目

文/杰弗里·库恩 Leadership and Learning at Peer Insight 公司副总裁

　　丘博的领袖成长项目是一个由三次研讨会组成的行动学习项目,这个项目是为丘博的高潜质副总裁和高级副总裁设计的,主题集中于战略创新、有机增长(收入增长来自内部)和领导力突破三个领域。公司有一系列以增长和创新为导向的计划,通过行动学习项目来建立公司级战略能力正是该计划的一部分。丘博集团的首席营运官是该项目的执行发起人。

这个项目由 Growth Leaders 公司的 CEO 杰弗里·库恩和丘博公司领导力开发副总裁艾琳·马修斯(Elieen Mathews)共同设计、共同催化。库恩和马修斯也担任学习教练，每人与两个项目小组共同工作。

丘博保险集团股份有限公司成立于 1882 年，是一个专业财产和伤亡保险(P&C)运营商大家族的控股公司，总部设在新泽西州。该公司拥有 12000 名员工，在美洲、欧洲和亚洲拥有大约 130 个外地办事处。核心服务是为中间商和高净值个人客户提供现成的和订制化的风险管理解决方案。公司拥有三大核心战略业务单元(SBU)：丘博商业保险(CCI)、丘博专业保险(CSI)和丘博个人保险，年收入 13 亿美元。

作为一家专业的保险公司，丘博的竞争以差异化和价值增值为基础。公司业务模式竞争的前提是：在一个成熟的、相对商品化的行业中，以战略创新来驱动有机增长，并保持健康的利润空间。

该项目的假定前提是：成长中的领导者对业务会有全新的看法。他们会以更广的视野来看待市场，会构想出新的客户价值来源，从而促进新业务的产生和收入来源的扩大。

因此，该项目要开发一批这样的领导者队伍：他们具有通过新业务、新产品、新客户和新市场来构思新的顾客价值来源和创造新的收入流的能力。项目的使命是双重的，既要开发领导力，又要对业务产生影响。项目的目标包括：

☐ 开发战略领导力，包括：商业头脑、战略思维和变革型领导。

　　□ 在丘博的高潜 SVP 和 VP 层领导人员中,围绕着创新和有机增长这两个主题,培养他们的共同语言、心智模式和工作流程。

　　□ 为组织注入新思维,产生新的商业模式、新的顾客价值来源和新的收入来源。

图 5　丘博公司的领袖成长模型

战略任务直接影响到协同设计过程中的一些方面,例如,项目的主要焦点是组织变革还是个人发展——PSE&G 项目的关注点是组织,而 VNU 项目的关注点是通过团队工作来发展个人。正如在下一步中将要介绍的,在协同设计过程中,战略任务将会对下述事项形成指导:

　　□ 项目性质——正如下文要讨论的,团队课题影响组织变革,而个人问题影响个人发展

　　□ 参与者的选择

　　□ 团队课题的选择和包括在项目中的"P"类学习的选择

下面,我们首先来看一下如何在关注个人发展还是关注组织发展方面做出选择,也就是协同设计流程的第 3 步和第 4 步。

第3~4步：关注组织变革还是个人发展？选择小组课题还是个人问题？

项目的战略任务决定了项目的重点是个人发展还是组织发展（步骤3），一旦做出了这个决定，就要进行小组课题或个人问题（步骤4）的选择。如前所述，小组课题通常适合于组织变革，个人问题则帮助个人发展。然而这并不是选择的唯一标准，因为无论是小组课题还是个人问题，都可用于大多数流派中，并有许多相似之处，还要考虑其他的问题，请见表8。

表8　小组课题 Vs 个人问题

小组课题	个人问题
问题标准 • 实际工作并对团队中的每个人都有意义 • 跨边界/功能的复杂问题 • 没有解决方案 • 循规蹈矩的人对现有解决方案不认同 • 发起人对课题成果感兴趣并愿意提供支持	**问题标准** • 参与者的真实工作 • 没有人知道问题的答案，并且困扰着参与者本人 • 循规蹈矩的人对现有解决方案不认同 • 发起人/管理者对成果感兴趣并愿意提供支持
优势 • 更多关注组织变革 • 有机会与跨职能的团队一起工作 • 经常有机会参观其他地区的公司 • 项目对组织有较重大的潜在影响	**优势** • 更多关注个人发展 • 参与者关注他/她正在处理的问题 • 如果是不熟悉的小组，会有团队建设活动 • 如果小组是跨职能小组，有机会深入了解公司的其他部分 • 易于执行解决方案
劣势 • 如果小组比较陌生，缺少团队建设机会 • 参与者可能认为课题并不真实，只是为了项目而设计出来的	**劣势** • 丧失了与跨职能小组一起研讨组织问题的机会 • 把时间分给了一些不同的问题，而非聚集一个课题

从表 8 中可以看到，选择个人或小组课题的一些标准是相似的，要做出最终的决定还需要考虑其优势和/或劣势。每一个流派都可以选择小组课题，但在批判性反思流派和绩效流派中，小组课题比较常见。同样，每个流派都可以选择个人问题，但绩效流派选择个人问题的情况较少，通常是小组课题，而且这个小组课题主要是由高层发起的。

第 5 步：需要用行动学习教练吗？

学习教练这个角色在一些行动学习文献中存在着争议。从协同设计的角度来看，尽早就是否使用、如何使用学习教练（步骤 5）这个问题做出决策是非常重要的，因为这个角色会对接下来的一系列协同设计的决策产生影响，如发起人角色、项目长度、"P" 学习科目、小组进程以及个人学习目标等。教练这个角色的作用将在本章及第 3 章中的许多案例中给予说明。上述关于是否使用学习教练及如何选择学习教练的讨论，将在第 4 章中详细阐述。

第 6 步：谁参加行动学习项目？

对于小组课题或是个人问题，有一些选择参与者的指导性标准，这是协同设计步骤中的第 6 步。参与者被瑞文斯描述为"逆境中的同盟军（comrades in adversity）"，也被芒福德描述为"机会中的伙伴（fellows in opportunity）"。参与者首先要基于项目的战略意图进行选择。例如格雷斯可可（Grace Cocoa）公司的行动学习项目旨在创建一个全球性的组织，其参与者来自于高级别的管理者。在 PSE&G 公司，行动学习项目的目的是开发各级管理人员在竞争环境中成功运作的能力，其参与者是由高层从主管中选出来的，根据课题的需要，还包括了一些商务谈判部门的员工。

一旦参与者的类型确定下来，就可以组建项目小组或团队了。由于参与者的研究方向和经验不同，小组的组建要尽可能多样化，这种多样化可以强化学习，有助于克服狭隘的心智模式，使问题的解决方案更富有创造性。多样性组合包括在背景、工作经验、年龄、性别、国籍和已知学习风格及个性方面的差异性组合。参与者的选择要反映对整个系统的考虑，尽量不要把与课题相关的专家考虑在内，这样就可以避免瑞文斯所警告的专家解决方案，因为当专家是问题解决小组的成员时，小组成员就会依赖专家寻找解决方案，而不是自己学习和寻找属于自己的创新性的解决方案。

考虑多样性的组合非常重要，来看一下伯莱克斯的项目。

伯莱克斯企业发展项目

文/鲍勃·沃德 Leadership Bridge 公司总裁

项目参与者的选择对于项目来说非常重要，选择时要尽可能考虑参与者在背景、工作经验、年龄、性别等方面的多样化，还要考虑他们在领导力方面的发展潜质，是否加入公司一年以上，并且要求他们不是本课题的专家。重要的是，参与者的选择不能仅仅是人力资源部门的事情，高层管理者在参与者选择过程中的参与和在项目进行过程中的参与一样重要，因为高管思考的角度与人力资源专业人士并不相同。尽管要遵循大多数的选择标准,但"高潜力"一词可谓仁者见仁、智者见智。最终,入选的参与者大多数符合人力资源关于高潜力的标准,而另一些则基于高管的选择。这种直观的选择不可小觑,至少通过这种方式选择出来的参与者,他们的职业成长速度将会加快。

　　关于参与者的选择,要牢记三点:第一点是,每组不多于 7 人,5～6 人比较理想。考虑到团队动力学和时间的因素,每组的参加者若多于 6 位,将不利于学习和对组织问题的研讨。第二点是,至少要有两个组,这对于他们在项目进行的不同阶段相互提供评判非常重要。第三点是,在参与者的遴选过程中,人力资源部门的角色是协助高管。尽管人力资源部门提供了入围标准,但选择权力要交给高管(或高管团队)。因为一旦对课题和参与者的筛选出现争议,高管(或高管团队)会自己亲自去搞定。在这方面花时间是值得的。

　　英维思(Invensys)是一家全球化的工程公司,该公司和学习与领导力公司合伙人共同设计了"领导力在行动"(Leadship in Action)项目,在选择参与者的过程中,我们决定纳入一些多样性的元素,这些元素甚至被认为是额外的,包括参与者在组织以外的背景,以确保经验的真正多样性。

英维思"领导力在行动"项目

文/凯特·霍普夫纳·卡勒　KHK 人力资本咨询

　　英维思是一家市值 2.5 亿美元的全球性工程公司,总部在英国伦敦。首席执行官特别强调全球领导人的开发,将其作为战略业务转型的一部分。为了确保这一长期战略,我们确定了一个领导力生命周期方法,用以识别、测评、开发和评价未来的领导人。具体来说,这意味着一个领导者在其职业生涯中的不同阶段将获得独特的发展机遇,以顺利通过职业生涯的转变期。此外,鉴于人才竞争的残酷性,为了吸引人才并确保这些人才相信他们选择了正确的公司,英维思需要加速人才的开发。关注关键人才是领导力生命周期的重要组成部分,这些关键人才是指具有进入高层领导职位发展空间的高潜人才。"领导力在行动"项目就设计并使用了行动学习。

第一个"领导力在行动"项目由两个小组组成,每组包括 7 位关键人才,为期 6 个月。选择团队成员的目标是高度多样化,这个全球化的团队的多样性选择标准包括:

☐ 在人才评价(继任计划)中被确认为关键人才

☐ 在英维思内部和外部具有多样性经验和背景

☐ 广泛的性别、种族、年龄和国籍的组合

☐ 跨越所有业务领域

参与者的最后名单提交给人力资源 SVP 和学习与发展 VP 的首席执行官获得批准。

理想的团队规模是 5~7 位参与者,这既可以提供多样化的视角,又可以使大家充分参与。在团队课题项目中,这个规模创造了更充分的团队动力。在个人问题项目中,每个参与者在一天的会议里都会有一个更充足的时间来解决他/她自己的问题。

选择参与者所需要考虑的最后一个问题是:参与者是否自愿参加项目。许多行动学习实践者认为,参与者应该是自愿的。有些项目会使用导入会议，向潜在的参与者介绍行动学习的流程，下面我们将会就这类会议给出相应的案例。然而，当组织正在采取措施进行发展或变革时，自愿参加这样的理念会遇到问题，对于一些人员来说，必需让其参加行动学习。在这种情况下，设计时就要考虑到这种可能出现的不确定性和阻力。

PSE&G 项目的目标是帮助所有管理者和经理人转变工作方式，因此该组织决定不采用自愿参加项目的方式。在该项目中，发起人对于完成课题及让参与者从课题中学习提供了强大的支持。发起人选择参与者，并事先打电话向每位参与者解释为什么要选择他们，以及他们应该给小组带来什么。在打电话以及整个项目中，他们强调了完成任务和从任务中学习的重要性。

一般情况下，非自愿性项目是围绕着组织变革和管理发展的特定组织需要而发起的。如果一个人被这种战略任务类型的项目排除在外，他/她会被认为是遇到了职业发展的限制。因此，只要该项目是由组织提出并得到了高层的强烈支持，参与者就会期望自己被选中。

一旦参与者被选中，明确设定个人和组织的期望就变得非常重要。组织需要决定参与者是否将会：

☐ 全日制投入项目

☐ 部分时间投入项目中，部分时间投入工作中，这通常意味着将项目中的一些职责授权给别人

☐ 全职工作的同时参与项目

根据这一决定，参与者和他/她的经理需要了解提供给参与者的时间承诺和支持的类型。

第7步:谁是真正的发起人?

协同设计过程中的步骤 7 是招募和准备发起人。发起人可能也会参与以个人问题为重点的项目,但他们在以小组课题为重点的项目中会参与得更多。对于小组课题来说,通常有一位独立于小组之外的、高一层级的经理或高层管理者,负责为项目、参与者的学习和小组研讨结果的执行提供支持。发起人的角色将在下一章讨论,但 PSE&G 公司的 LIRW 项目是一个很好的模式。

LIRW 项目的发起人首先从该组织的高层领导团队(SLT, Senior Leadership Team)中进行选择。作为发起人,他们与协同设计小组和学习教练一起工作,选择参与者和为参与者提供支持,并在自身发展方面获得帮助和反馈。整个 SLT 成员参加了每一个 LIRW 项目的最后一次会议,以显示他们对正在发生的学习和所提出的项目建议很感兴趣并表示支持。随着组织中的较低层级的高管完成了 LIRW,发起人自身也最终实现了他们的进一步发展。

选择或招募发起人的方式有很多种。在沃尔沃卡车(VTC)公司,过去和现在的高管团队成员都参与了项目的协同设计。这个参与包括项目发起人的最终选择,(他们被称之为"主人"),并向发起人匹配以适当的课题,以推动 VTC 成为一个全球性的学习型组织。

VNU 项目展示了发起人角色的另外一个价值——确保组织对项目的支持,以及找到一个方式,以帮助亚洲发起人发挥其在行动学习项目中的重要作用。

VNU 开拓项目

文/霍利·奥格雷迪　VNU 集团

VNU 开拓项目的发起者或者直接向业务单元总裁汇报工作,或者向总裁的直接下级汇报工作。高级管理人员的参与对项目和参与者来说都非常有益。既然这些高管在组织中有一定的影响力,他们的积极参与对于建立对项目的兴趣以及为后续项目招募其他领导人都有很大的帮助。由于职位和内部人际网络的特殊性,他们能够帮助学员接近其他的领导人,并使组织对项目成果产生兴趣。

在第一个项目中,第一批发起人主要由人力资源负责人和业务负责人选择,而在后续的项目中,发起人由其他同事推荐。在最后一个项目中,我们还从一个区域领导力项目中找来了一位发起人。

在第一个项目中,担任发起人角色的高管们起初对参与性表示怀疑,因为他们不太了解行动学习的概念。另外,他们对时间的承诺也很担心。为了解决这个问题,我们做了一个简短的概述,包括对他们角色的描述,并提供一个概览表。在随后的项目中,我们召开了一个简短的定向电话会议,回顾他们的角色,并让他们开始思考所面临的、可以作为适合的研讨课题的业务问题。

正如 PSE&G 公司和辉瑞公司的案例所示,发起人的角色可以由已经参加过行动学习项目的高管担任。但并不是每一位发起人都会有这样的经历。潜在发起人可以通过对角色的简要介绍、与学习教练签订发展合约、参加精心设计的工作坊等形式来了解行动学习。工作坊的案例见表9。

表 9 发起人研讨工作坊

导入
- 行动学习教练
- 潜在的发起人
- 高管团队的其他成员

学习教练、潜在发起人、高管团队双双签订当天活动的合约

发起人的作用
- 浮现及挑战假设(Surface and challenge assumptions)
- 回顾和改编最佳实践

用提出的课题向第一位发起人示范行动学习过程
- 使用具有挑战性的问题,加深对小组问题/战略任务的理解
- 浮现和挑战小组课题/任务的假设
反思

午餐

用提出的课题向第二位发起人示范行动学习过程
- 用具有挑战性的问题,加深对小组问题/战略任务的理解
- 浮现和挑战小组课题/任务的假设
反思

有关项目设计的 Q&A

最后的对话

第8步:如何选择行动学习小组课题?

第8步是选择小组课题。在非小组课题项目中,在其他决定做出之前不必开始选择个人问题,但小组课题需要更多的规划、讨论和利益相关者的认同。

正如前面所讨论的,任何一个流派都有可能选择小组课题。

无论用哪个流派来指导设计,小组课题的选择都应该考虑一定的标准。课题应该由高层领导来选择,以加强高层管理人员对项目的支持。在设计中,如果课题是由发起人选择的,也应当得到高层领导的批准。课题要与项目的战略任务或者业务规划战略或者组织目标挂钩。因此,它必须既对组织有意义,又对团队中的每个人有意义。试点项目之后,PSE&G 公司的 SLT 决定,所有的课题按实际业务规划的需要来运作。然而,康格和本杰明发现,课题既要关注学习,又要关注业务的迫切性,这一点非常重要。

对于大多数项目,特别是全球性项目来说,课题应该是复杂的,并且是跨职能的,能够让参与者接触到组织的其他组成部分。在确定课题时,要确保团队能够在项目进行期间采取行动。一些行动学习的倡导者赞成这样的说法,即所选择的项目课题能够给组织带来利润成果,这样行动学习项目就可以为自己买单了。

在一个旨在完成组织变革和转型的项目中(通常按经验或批判性反思流派的理念进行协同设计),课题应该是复杂的、没有明显的或可知的解决方案。循规蹈矩的人可能不同意有关的解决方案,所以参与者要跳出盒子来思考问题,寻求不同的解决问题的路径。根据目标和战略任务的情况,这些标准也适用于科学或绩效流派的设计。

丘博领袖成长项目的课题直接与战略任务挂钩,而且是没有现成解决方案的复杂课题。

丘博领袖成长项目

文/杰弗里·库恩 Leadership and Learning at Peer Insight 公司副总裁

该项目包括一个综合成长课题(即行动学习课题)——通过为新的成长引擎开发一个战略蓝图和实施路线图,为参与者提供一个掌握创新和有机增长原则的平台。课题强调对于有机增长新来源的识别和开发,范围从核心业务的增长到相邻业务的增长,再到新企业的增长。正因为如此,这是一个机会导向型的(而不是解决问题型的)行动学习项目。

该项目有四个课题:

丘博个人保险(CPI):利用婴儿潮时期出生者的退休潮

CPI团队被指定研究美国婴儿潮的独特特点、客户需求和市场潜力,并开发出品牌/差异化的产品组合,以满足这些客户的独特需求。

丘博个人保险(CPI):扩大产品池

第二个CPI团队被指定进行市场分析和辅助/相邻产品的确定(包括专有的和第三方的产品),以补充和加强CPI的核心业务,增强全面客户体验和扩展其足迹,并为保持市场的领导地位和持续的收入增长提供一个平台。

丘博商业保险(CCI):确定新的客户群

CCI团队被指定进行外部环境的扫描,识别新的客户群,这将是推动CCI持续增长的一件大事。

丘博专业保险(CSI):在小型商业领域的胜出

CSI小组被指定在私营小企业领域开发一个能够访问、生成需求并加速客户盈利收入增长的突破性策略。

在一些项目中,由团队来执行解决方案非常重要,而另一些项目则需要向发起人提出由组织中的其他人来实施解决方案的建议,有时其他人的实施过程也需要行动学习团队的帮助和支持。

以提问的方式来呈现课题为团队提供了一个起点。

符合标准的课题提问方式请见表 10 中的案例。

表 10 有效的课题提问方式

PSE&G	我们如何能在标志领域利用电气的协同作用(例如,做什么的工作标示)? 我们如何能减少 10%—20% 的高架工程和建设的单位成本? 在我们生活和服务的社区,配电能发挥什么样的作用?
伯莱克斯	为了满足未来增长的需求,我们如何保证愿意承担领导职位的人才库? 如何在提高净销售额的同时提高总净值率?
英维思	在墨西哥,如何围绕市场来组织资源?
VTC	对于停机(卡车意外停在马路上),我们能做些什么?

课题选择的另外一个考虑因素是区分参与者对于所选择的课题领域是否熟悉。这种区分被称为"交互选项(Exchange Options)",也可以被看作是对项目本身的设置。

研究表明,项目的目标和成果应该尽可能明确,因此,在有些项目中,发起人设定了一些衡量课题及团队学习是否成功的标准用以指导团队的工作。这些标准强调解决问题和从解决问题过程中学习具有同等的重要性,这些标准与课题都可以被小组所质疑和挑战。下面是一些项目标准的案例:

项目成功的标准

☐ 调查和开展外部研究

☐ 确定所需的资源

☐ 提出并启动一个小组所有成员都支持和承诺的计划

☐ 确定最有效的接触点和机制，以确保对相关的跨部门数据的有效分析

☐ 理解组织和个人变革的障碍和阻力，以便同步处理对于项目建议的任何预见到的障碍和阻力

☐ 理解所提建议的法律影响

学习成功的标准

☐ 建立一个跨部门的开放和信任的环境

☐ 学习和体现系统思考和规划

☐ 学习如何以虚拟团队的方式来运作

在 VNU 的项目中，基于组织的需要，课题的选择过程在三个项目的全过程中不断优化。由于发起人更好地理解了行动学习的过程及他们自己的角色，他们对于自己所选择课题的发展标准非常娴熟。

VNU 的开拓项目

文/霍利·奥格雷迪　VNU 集团

在最初的班级中，HR 负责人要求课题的主旨是解决 VNU 业务部门的工作如何更加协同。考虑到业务的需要，该项目的主题是很适时的。然而，在随后的班级中，课题变得更关注具体的业务单元问题，而不是企业范围内的问题。这种变化的部分原因是课题需要在较短的时间内完成，而大型开放式的问题在较短时间段内完成是不现实的。此外，战术性质的课题更高效一些，因为发起人更易于根据小组提出的建

议采取行动，因此，参与者可以看到他们的建议是如何被使用的。

　　在发起人如何选择课题的指引中，我们要求他们考虑那些没有先入为主答案的问题。在某些情况下，这一标准具有一定的挑战性，因为很多高管之所以能获得职业生涯的成功，就是因为他们能够找到这些难题的解决方案。然而，确实有很有主见的一位发起人明白，如果他不去分享自己的观点，他和他的组织将会更加受益。尽管他完全支持团队，也不能加入自己的见解，只有在项目结束时，他才可以和团队一起分享他的看法。在我的经验中，能够做到自我克制的发起人比较少。在项目的开始阶段，我们给发起人最多的反馈是请他们不要分享他们对于课题和产出的见解。尤其在项目的早期阶段，团队成员往往会非常快速地选择他们认为发起人想要的答案。幸运的是，大部分发起人都会接受我们的建议。在结束时，他们会发现所开展的工作远远超过了他们一开始的想象。一旦问题确定下来，我们会协助发起人以提问的方式来提出问题，并为课题需要具备的标准提出建议。更重要的是，我们这时的作用是建议将学习标准也包括在内。我们会给发起人一些关于学习标准的建议，其中包括以下几点：

☐ 每个团队成员积极平等的参与

☐ 学习和体现如何给予公开和诚实的反馈

☐ 学习和体现如何使用反思来改进团队成果

☐ 在进行调研时如何有效地合作

☐ 在完成课题的过程中，如何将你所学到的东西运用到工作中起初,一些发起人把学习标准看作是一种软技能要求,后来也同意将其包括在课题成果中。然而,一些发起人提出了有关变革管理的问题。基于这些对话,我们请他们将一些提升参与者应对变革意识的其他类型的标准也包括进来。这里是由发起人提出的学习标准的几个案例:

□ 学习并应用组织和个人的影响力,以确保课题建议被接受

□ 学会处理和管理来自于高层领导人的不同观点

第9步:行动学习项目应该持续多长时间?

在协同设计的第7和第8步中,重点一直是小组课题。第9步是确定项目的时长,这一步对小组课题和个人问题都适用。项目的时长依各个流派而不同,还要考虑课题所需时间与组织能力之间的平衡。组织能力包括组织对项目的准备度和维持项目需求的能力。

行动学习的时间量有很大的差异。在一些设计中,参与者在几个月的课程中一次会面一天。而在另一些设计中,团队可能在绵延几个月的项目期间每次会面好几天;还有一些设计,团队可能会面好几天,但却只有一次会面的机会。表11至表14提供了第1章中所讨论的每个流派的项目设计的案例。

辉瑞公司的PLP项目具有绩效流派的特点,其战略任务包括与组织战略的协同和融入现有的文化,这个任务具有金字塔层级1的关键要素,也有领导技能的开发(如表11所示)。团队集中在一

起,持续了 3—4 个月来解决关键的业务问题,提出了一些具体的、结构性的建议,并且有一些课题得到了实施。他们得到了来自内外部教练的帮助,这些教练帮助小组完成课题研讨与开发领导能力。

　　表 12 中 GEC 的项目可以被看作是科学流派的项目,学习目标强调问题的构建和重构。参与者选择或被指定完成客户或发起人所"拥有"的个人问题/课题。他们在 7—9 个月的时间里全职解决所分派的问题并进行实施。这些行动学习小组由来自内部和外部的学习教练进行协助。

表 11　绩效流派的项目设计

辉瑞公司的绩效领导力课题

时间	内　　容
3 天	启动会工作坊 • 小组介绍和课题分配 • 团队建设——快速开发团队动力 • 课题范围界定 • 学习来自于辉瑞公司的内外部标杆的最佳实践 • 小组角色确定 • 初步排定会议和流程的时间表,为中期工作坊做好准备
	期间小组会议
2—3 天	中期研讨工作坊 • 呈现课题建议背后的假设 • 从发起人和其他小组那里获得反馈 • 利益相关者管理培训 • 小组两两反馈,包括对小组成员的强制排名 • 最终范围确定,包括交付物 • 明确行动计划,准备最后一次工作坊 • 关键信息的提出,开发小组成员对于课题及领导力开发情况的学习点(teachable points-of-view)的交流

（续表）

时间	内　　容
	期间小组会议
1 天	承诺工作坊 • 小组建议的简明介绍(会前大家要通盘阅读所分发的材料,以了解各小组的建议) • 各小组对于利益相关者进行了成功管理的证明 • 支持各小组建议的清晰的商业案例 • 高级管理者的明确决定,包括对建议的明确接受、拒绝或修订,为课题成果确定足够的资源分配 • 另一轮严肃的小组对小组的反馈和小组两两反馈,包括对发起人和整个 PLP 项目的高层所有者的反馈 • 关键信息和每一位小组成员和发起人学习点(teachable points-of-view)的交流

表 12　科学流派的项目设计

GEC 的高级经理人项目

时间	内容
10 月	在 Dunchuch 职业学院召开的外派脱产会议 • 两周半 • 正规的班级 • 在行动学习小组中开始个人问题的研讨
11 月—1 月	全职解决问题 • 诊断阶段 • 每周 4 天在客户(发起人)处工作 • 1 天的行动学习小组工作
2 月	在 Dunchuch 职业学院召开的外派脱产会议 • 一周
3 月—5 月	全职解决问题 • 执行阶段 • 每周 4 天在客户(发起人)处或自己的公司工作 • 1 天的行动学习小组工作

表 13 中的 LIRW 是按照经验流派设计的,所以强调通过建立

个人学习目标和致力于个人学习目标的完成来发展个人。关于个人学习目标，我们会在接下来的章节中介绍。每个团队都有一个组织层面的小组课题，每位参与者都有他们自己的学习目标。相比于持续时间更长的科学流派项目来说，这类项目持续时间为 6 周，且学员是兼职工作，而非全职工作，每一组都配备有一位学习教练，学习教练使用干预计划和及时学习的方式，帮助参与者学习如何学习。反思贯穿于整个会议之中。

表 13　经验流派的项目设计

PSE&G 的"领导力就是实际工作"项目

时间	内容
第 1 周 半天	导入 • 高层领导者演讲 • 行动学习是什么 • 发起人陈述课题 • 前期参与者专家小组 • 行动学习小组会议：相互介绍和建立规则
第 2 周 2 天	快速启动会议 • 行动学习小组召开会议，焦点在于课题工作的开展 • 发起人面见小组 • 行动学习小组召开关于个人学习目标的会议 • 及时学习会议 • 反馈 • "P"学习会议 • 学习风格
	课题及个人学习目标的期间工作
第 4 周 2 天	期间会议 • 行动学习小组召开会议，焦点在于课题工作的开展 • 发起人面见小组 • 行动学习小组召开关于个人学习目标的会议 • 及时学习会议 • TALK 模型 • "P"学习会议 • 冲突管理

（续表）

时间	内容
	课题及个人学习目标的期间工作
第6周 2天	最后一次会议 行动学习小组召开会议,焦点在于课题工作的开展 • 行动学习小组召开关于个人学习目标的会议 • 及时学习会议 • 向发起人和高层领导团队汇报课题成果

    表14是伯莱克斯的企业发展项目,其设计属于批判性反思流派,强调个人和组织的转型。在完成参与者的个人学习目标的过程中,强调批判性质疑和自我觉察。对话和其他的"P"学习科目的重点是组织的转型。正如在经验流派项目中所说的,每个小组都有一个组织层面的课题,每位参与者有其自己的学习目标,每个小组配备一位学习教练。反思和批判性反思贯穿于整个会议过程之中。

表14　批判性反思流派的项目设计

伯莱克斯的企业发展项目

时间	内容
第1个月 3天	CEO和发起人演讲 发起人提出课题 行动学习小组会议 • 介绍和建立规则 • 关注课题工作的开展 发起人会见小组成员 行动学习小组会议 • 360度反馈回顾 • 关注个人学习目标 及时学习会议 • 会议管理 • 反馈 白天和晚上之间的"P"学习会议 • 迈尔斯—布里格斯性格类型指标(MBTI)

（续表）

时间	内容
第 1 个月 3 天	• 影响 团队建设会议 对话
	课题及个人学习目标的期间工作
第 2 个月 1 天	"P"学习会议 行动学习小组会议 • 关注课题进展 • 关注个人学习目标 及时学习会议 对话
	课题及个人学习目标的期间工作
第 3 个月 1 天	行动学习小组会议 • 关注课题进展 • 关注个人学习目标 团队建设会议
	课题及个人学习目标的期间工作
第 4 个月 1 天	行动学习小组会议 • 关注课题进展 • 向 CEO 和发起人汇报进展情况 对话
	课题及个人学习目标的期间工作
第 5 个月 1 天	行动学习小组会议 • 关注课题进展 • 关注个人学习目标 对话
	课题及个人学习目标的期间工作
第 6 个月 2 天	行动学习小组会议 • 关注课题进展 • 关注个人学习目标 • 小组评估 向 CEO 和发起人汇报 对话

虽然项目的总时间和间隔天数各异，但研究显示，小组需要经常会面以确保过程的延续。麦可那玛若（McNamara）发现，如果小组不能做到至少每月一次会面，参与者往往会失去劲头和相互之间的信任。PSE&G公司的评估数据表明，小组每次会议要连续召开两天时间，以便既能够解决课题问题，又能解决个人发展问题。

小组工作延续一定的时间对于四个流派都很重要，尤其对于经验流派和批判性反思流派。原因有两个：首先，会议具有一定的延续性，才能为付诸行动留出一定的时间，这样才能产生行动和反思的循环圈。第二，正如在第四章中将要进一步讨论的，大多数学习教练尝试着将其用于团队工作的技能转移给参与者，而要达成一些学习教练技术的转移，需要较长的时间才能够实现。当一个项目有几个月的时间跨度，或需要全职参与时，（例如在许多科学流派的设计中）学习教练会逐步地退出去。

这些时间的需求似乎与组织所面临的压力背道而驰，这个压力指的是：培训设计的时间短，解决问题的时间少。所有事情都是平等的，任何项目必须在不牺牲效能的情况下，在时间和资源方面尽可能高效运行。然而，在考虑行动学习的时间需求这个问题时，有两个因素必须要记住：第一，行动学习项目通常的目标是多维度的深入发展，并同时完成比较困难的课题和问题。他们并不用以满足那些虽然重要但却常规的需求。这种水平的发展和问题解决不可能通过较短的时间投资有效达成。在实践中，行动学习项目中所解决的许多问题极具挑战性，是组织一直无法通过其他手段解决的。第二，通常来说，行动学习的目的既包括问题的解决，也包括人才开发。同时满足这两种需求比起试图达成其中任何一种需求来说，都是一个更为复杂的任务。行动学习要处理这种复杂性就需要时间和资源的投资，因为它是同时实现两个目标的一个非常有效的手段。

第 10 步:行动学习项目获得成功的策略是什么?

最能帮助行动学习项目取得成功的策略和做法(第 10 步),是那些符合所选择的流派的策略和做法,以及能实现项目的主要关注点的策略和做法。表 15 说明了如何做出与流派相关的选择。

表 15　四个流派的实施策略

流派	组织	策略
绩效流派	辉瑞	加速发展团队活力的团队建设
科学流派	GEC	全职完成课题,允许使用 α、β 和 γ 系统
经验流派	PSE&G	持续使用反思促进学习循环
批判性反思流派	英维思	质疑性洞察流程,给参与者提供挑战和支持

如果焦点是个人发展,协同设计就应该包括帮助学员达成个人学习目标,或给予和接受反馈循环的过程。如果以组织变革为重点,协同设计就要帮助团队挑战组织的规范和假设。第三章中将讨论这些实践作法。

第 11 步:什么是"P"①学习?

协同设计过程中的步骤 11 是确定适当的内容或"P"学习的。任何程序性的"P"学习,都是根据流派和组织期望项目所要达成的结果来决定的。"P"学习常常在协同设计时确定,但也可能会在项

---

① Programmer Knowledge,*程序性知识*。

目进行的过程中引入,原因是对于某一课程的需求会变得逐步明确起来,或者参与者会提出某些需求。表11—14给出了一些各流派"P"学习设计的示例。

　　绩效流派的项目中包括"P"学习,如对课题提供支持的标杆学习和利益相关者管理,帮助小组和个人发展的团队建设和"学习时机观点"。

　　在科学流派的案例中,在学院所进行的脱产集中会议是由预先设定的课程组成的,这些课程由学院的老师或者外部专家讲授。

　　经验流派也提供了这类学习的案例。例如,学习风格测评和冲突管理的讲座,基于及时学习的专业表单和提供反馈的方法等。在批判性反思流派的伯莱克斯项目中,通过讲座和表单工具的形式,将迈尔斯-布里格斯性格指标(MBTI)及影响力提供给了参与者;在项目小组会议期间则提供了会议管理和提供反馈的方法。由于伯莱克斯项目的时间比LIRW要长一些,学习教练有机会识别"P"学习的机会,参与者也有机会提出事先没有设计的"P"学习需求,例如战略学习。

第12步:参与者如何选择个人问题?

　　如前所述,个人问题在任何流派的行动学习项目中都可以使用,但在经验流派和科学流派中最为常见。当参与者有自己的问题时,他们更加关注个人的发展,并有更大的机会实施解决方案。当项目的重点是个人问题时,参与者选择个人问题是协同设计流程的第12步。

　　许多小组课题的标准同样适用于个人问题,尤其重要的是:

• 这些问题要与项目的战略任务或组织的战略目标相关联。

- 选择那些参与者一直在努力解决的问题，也就是说，问题很复杂，并且循规蹈矩的人对于有关的解决方案不认同。

- 在项目期间，可以对所确定的问题采取行动。

尽管这些问题往往是由参与者决定的，但他们通常会与高级管理者进行讨论。有时，参与者的经理会作为问题的发起人。虽然参与者通常带着他对问题的想法来参加项目，在第一次小组会议上，问题往往会得到澄清。为了事先对他们提供指导，可以使用问题澄清表(表 16)。这个表格可以帮助参与者从不同角度对问题进行关注和反思。表格上所设置的标准可以在整个协同设计流程中根据所确定的需求进行变化。参与者在首次将问题介绍给团队时，要使用填妥的表格。

表 16　问题澄清表

问题澄清表
1. 确定工作中让你感到压力最大的问题，要符合下列标准： • 你极力想解决，但还没有解决方案 • 复杂，没有明显或已知解决方案 • 循规蹈矩的人不同意已有的解决方案 • 跨越了你的工作部门 以提问的方式描述你的问题
2. 问题的背景是什么？导致问题发生的重大事件是什么？你已经尝试过了哪些解决方案？这些解决方案效果如何？
3. 谁是利益相关者？你的角色是什么？
4. 达成解决方案的过程中，你认为最大的障碍是什么(时间、资源、态度、政治、个性、组织结构等)？

参与者在项目中提出的一些问题的示例，请见表 17。

表 17　个人问题示例

全球制药组织	怎样变革销售和市场营销领域的文化【从告知型销售到对话型销售，因为我们失去了专利权（go from telling to selling because we lost parent）】，并且加速各层级的支持和认同？ 在 X 国，我们如何成为最佳雇主？ 我如何使 X 部门认同财务决策分析的价值？
全球金融组织	对于变革，我如何识别和准备足够数量的催化师？ 我怎样从一个项目中顺利过渡，并且感觉良好？ 我怎样才能处理好我的上司和她的老板之间的紧张关系？
其他案例	重组生产线 提升一家小型工程公司的利润 将管理风格从指令型变为引导型

第 13 步：小组课题或个人问题与个人学习目标的区别是什么？

如果在协同设计工作中，确定要更多地强调个人发展方面的需求，就可以选择个人学习目标。这是协同设计流程的步骤 13。个人学习目标是参与者选择的一个行为和态度，通常他们会在其经理和教练的帮助下进行选择，并在行动学习项目中和团队一起致力于目标的达成。虽然这个目标不同于并且独立于小组课题或个人问题，但在小组工作中，它经常与个人问题的解决融合在一起。第三章将会讨论这项工作的过程。个人学习目标多用于经验和批判性反思流派中。选择个人学习目标的数据可能来自于 360 度评价、参与者的评估或个人的洞察力。伯莱克斯项目展示了个人学习目标在小组课题的行动学习项目中的使用。

伯莱克斯的企业发展项目

文/鲍勃·沃德 Leadership Bridge 公司总裁

伯莱克斯公司企业发展项目的总体目标是领导力开发，这种开发是通过对于真实业务问题的持续行动和反思，以及个人、团队和组织学习目标的达成来实现的。为了充分利用这个机会，参与者确定自己的个人学习目标，以便于使真实的业务问题和小组活动促进个人和团队发展的实践。这些个人学习目标可以描述为：(1) 个人认为对于其成长和发展来说比较重要的关键新能力；或者(2) 目前需要更新或改善的能力；或者(3) 对效果的达成有阻碍并且需要改变的问题领域。

个人的学习目标确定了一个人想要发展或提升的可观察到的行为。学习教练和其他团队成员观察这些行为，然后给他们反馈。例如，如果您的个人学习目标是促进开放的沟通，就必须具有可观察到的对课题及团队互动的适应性，团队要显而易见地感觉到促进开放的沟通这个学习目标的应用，即有能力去传达这样的信息：每一个想法都值得思考。

个人要把其学习目标与其他小组成员及其学习教练进行共享，学习教练根据自己的观察和反思来提供反馈。此外，个人学习目标：

☐ 在小组互动中集中个人的注意力

☐ 成为个人衡量其发展状况的标准

☐ 被包括在项目各个环节的个人反思中

全球制药组织的项目为个人学习目标如何与行动学习项目中的个人问题相融合提供了一个很好的案例。

全球制药组织

在一个团队中,一位技术高管从其360反馈中了解到,给他做出评价的人认为他需要改善其描绘全局的方式,于是他选择了"提升沟通愿景和战略的能力"作为其个人学习目标。当需要对问题做出决策时,他解释说,他最近刚接手这个组织,发现前任领导不是一个很好的领导者,组织和员工的执行力不够,并且与他在技术领域有完全不同的观点。这位高管认识到他的问题是找到一个途径来制订和沟通处理业务的新方式或新策略,以扭转目前的业务状况。他认为,他的360反馈来自于旧的团队,但与新的问题相关,所以,他请求小组来帮助他解决的问题是:"我如何制订和沟通新的技术战略?"

第14步:何时召开导入工作坊?

第14步是关于在行动学习项目开始前,是否需要以及何时安排导入或入门工作坊。召开这样的工作坊也许不是必须的,但却很有价值。例如,高层管理人员可能支持在组织中使用行动学习,但需要争取组织中其他人员的认同;或者HR可能觉得行动学习是适当的干预选择,但他们现在需要向组织中的其他利益相关者说明和/或说服他们;第三种可能性是,在协同设计过程中,必须确定参与者是自愿的。如前所述，尽管参与者往往是基于项目的目标来进行选择的，但如果决定采用寻找志愿者的方式，工作坊能使这些志愿者做出明智的选择。

麦吉尔和布鲁克班克（Brockbank）为导入工作坊提供了全面的准则，这些准则对于个人问题的行动学习项目非常有用。稍作调整，这个过程也可以用于小组课题项目导入/入门工作坊的设计。该工作坊包括 4 类活动：

1）通过三人小组介绍行动学习

2）行动学习同心圆

3）模拟行动学习

4）过程回顾

第一项活动，使潜在参与者在三人小组的安全环境中参与行动学习的部分流程。汇报之后，接下来的活动中有一个小组以中心同心圆的形式来演示行动学习的过程，并从外圈的观察员那里获得反馈。在第三个活动中，每个人都参与行动学习的实践。最后一项活动是汇报和对历程的回顾。

工作坊可以设计为 1.5 个小时到一整天的活动，包括这些元素的好处有：

☐ 使参与者在承诺之前先试验

☐ 与简单地解释相比，能更准确地传达行动学习应该怎么做

☐ 如果项目的协同设计需要志愿者，可以提供一个自我甄别的方式

☐ 成本收益最大化

表 18 中是我们与一家多元化的金融服务客户协同设计的一个工作坊的案例。

表 18　导入工作坊设计

活　　　动	大约时间
进行大组的行动学习活动 • 课题参与者 • 同心圆/金鱼缸设置 • 行动学习小组如何帮助课题所有者 • 作为学习教练，签订合同 • 提供学习日志	10 分钟
课题所有者简要陈述课题以便参与者能够选择小组 小组选拔标准 • 需要平均分配 • 团队成员需要尽可能多样化 • 如果你是课题领域的"专家"，就不加入小组	10 分钟
解释学习伙伴的概念 • 小组成员选择学习伙伴，并确定学习目标	10 分钟
第一行动学习小组 • 讨论和建立基本规则 • 课题所有者提出课题 • 小组使用行动学习的流程，包括澄清课题、浮现假设、质疑 • 课题所有者对行动进行承诺	40 分钟
通过学习教练质疑的方式，所有参与者进行反思 • 学习伙伴提供个人反馈	20 分钟
第二行动学习小组	40 分钟
最后的反思	20 分钟

第 15 步：如何实现与组织人力资源系统的协同？

　　尽管行动学习是一种有效的干预方式，如果能和组织中的其他系统和干预手段协同工作，它在促进发展和组织变革方面的力量将会更为强大。其中最重要的是人力资源系统。第 15 步就是确保协同和融合。

行动学习项目与人力资源系统的融合有许多不同的方式。例如，前面提到的全球制药组织，在一个大型并购之后，他们使用行动学习的方式，帮助全球高管更好地相互理解，携手共进。作为协同设计的一个组成部分，全球领导能力是该项目"P"部分的组成内容。这样一来，他们就能够确保合并双方的公司高管获得相同的有关领导力的信息。

PSE&G 的项目是组织领导力模式和行动学习一体化的另一个案例。

PSE&G 公司的 LIRW 项目

大约在 1995 年，皮特·塞斯特罗不再负责质量倡导工作，开始担任配气副总裁。他现在能够看到、听到并能够消除其高管与他为组织提出的愿景之间的脱节。我问皮特，如果他所期望的组织变革能够达成将是一种什么样的状态，皮特描述了如下愿景：

"更快！摆脱形式主义！摆脱束缚我们的文书和其他的官僚作法。我们有这个愿望。每个人都希望真正更快地完成工作，尤其是涉及到客户之时。当问题来临时，努力找到答案并尽快完成工作，要有更强的紧迫感。我相信，这对我非常重要。这是其一。

人们会更加主动，而不是等待别人批准或给他们答案。我想我们应该有一套明确界定的、协同的和可识别的共同目的和目标，让每个人都清楚地了解我们要去哪里，每个人都清楚地了解如何知道我们是否到了那里，每个人都清楚地了解自己在帮助我们到达那里的过程中所起的作用。他们每天都自觉地工作以到达那里，而不是胡碰乱撞。"

我问皮特，如果他的愿景变成了现实，他是否认为他们会有不同的互动方式，他回答说，他们确实会：

"我认为将会更加尊重人。我们会看重人们的思想和理念，我们会摆脱固步自封，得到更多人的想法和观点。当我们交换信息时，将会基于数据、措施或信息，而不是仅仅说"好，这就是我认为的"之类的话。人们会真正欣赏别人所做的工作，并欣赏他们是如何完成承诺的。他们不再为他们被假定要去做的事情负责了，这些事情对他人造成了影响，使他们感到挫败，而没有真正尊重他们。

所以听起来有一点点像，我怀疑有人会不时地谴责我像一个哲学家，说着很多不着边际的话，"这家伙为什么说这些东西？"你知道，这个理念考虑到了他人，而且，有些人觉得很难坚守这个理念，但我认为这非常重要。我想了很多有结果的情况，也想了很多没有结果的情况，想了很多成功的情况，也想了很多不成功的情况，我们所有的一切都以存在于个体之间的关系为基础。无论是同事与同事之间、部门与部门之间、下属与老板之间、还是员工与客户、供应商及其他人之间，这一切都建立在关系上。因为公司……当你说'公司'……我们大家都喜欢说'公司'……公司是谁？是我们。公司没有实质、没有身体、没有心、没有精神。它是组织中每一个人的精神、身体和心灵。"

为了使这一愿景更容易实现，皮特开发了一个领导力行为模型，这个模型是新的行为与结果之间的平衡，他认为组织和个人要想持续取得成功就必须具有这个平衡必备的。为了传播他在组织内的愿景,皮特再次将他所说的软性文化与组织的运行绑在了一起,继续利用他所看到的对于一个领导来说比较重要的事情——发动大家。皮特通过制定业务计划的方式来描述他做事的方式。

"再次,我觉得需要发动更多的人,而不只是两三个人或更多人把商业计划书放在一起;应该让更多人的参与。那么,如何做到呢? 我们试验过很多方式,去年春天我们做到了。通过两天大约 80 人在一起的工作,我们得到了所有这些人的投入。团队工作是关键! 你如何让人们一起工作呢?"

当皮特寻找方法来促使其主管和经理们全身心投入到他的组织变革的愿景这个问题时,他也认识到了团队合作的必要性。"我独自做到这一点很难,但如果我知道有人和我在一起,都试图做同样的事情,帮助我,给我一些工具和建议,团队合作就很容易做到。"1996 年,皮特向领导力和专业发展集团的管理者鲍勃·布朗宁询求帮助。在分析了组织的需求之后,鲍勃建议天然气和电力配送部门尝试用行动学习来推动所需的变革。

与格蕾斯可可协同设计的全球论坛项目说明了行动学习如何与其他干预措施一起发挥作用,以及如何得到其他干预措施的支持。人力资源副总裁负责将一个文化不统一的公司转变成一家有统一文化的公司。他以一个调查会议作为起点,开始创建组织的愿景——做一个全球性的工业可可和巧克力公司。但愿景提出来之后却缺乏所需要的后续动作。接下来,他在全公司范围内成立了一个组织发展专责小组，该小组收集了必要的数据，并发现目前的管理在七个方面有待完善。该副总裁认为行动学习是完善这些方面的最好方法，并可以开创组织所需要的巨大变革。辉瑞公司的项目设计也是在高层团队协调工作坊期间完成的，在工作坊期间，IT领导人建立了他们的战略业务框架，最终形成了PLP。

第16步：如何实施推进？

如果行动学习是一个持续推进的干预措施，在协同设计过程中的步骤16需要设计一个推进表。由于行动学习过程不同于其他大多数发展项目，组织高管最好首先参加，这样他们能够更好地体会整个历程，并为之后的参与者提供支持。协同设计可以根据高管参与者的情况进行修改（往往是缩短），以确保他们的参与。特殊项目，如本章前面所写的高级领导人例行会议和发起人研讨会议，也可以作为高层管理人员的开始。

在组织内的推进工作开始之前，特别是根据流派（协同设计的基础）的特点，开展试点项目是一个好主意。如前所述，PSE&G公司的LIRW项目设计的基础是经验流派，但也具有批判性反思流派的元素。当我们沿着行动学习金字塔往上设计项目时，我们可能会由于在组织中创造太多的"噪音"而使项目夭折。试点实验是确定组织处理"噪音"的能力，以及如何调整项目来更好满足组织需求的一个很好的方式。

PSE&G 公司的 LIRW 项目

文/朱迪·奥尼尔　学习与领导力公司总裁、合伙人

　　试点实验持续了三个多月。该试点存在着争议,对参与者的概念和信仰产生了挑战,正是通过这个过程,行动学习在一开始给部分参与者带来了很多焦虑和不适感。行动学习的小组工作设计圈可以帮助参与者用新的方式来看待和思考问题,在工作中采取行动,对行动进行反思,以及开展更多的小组工作,这些都使得参与者在工作中显示出焦虑和不适。当这些情况发生时,我们发现,组织的领导者还没有为这些情况做好足够的准备,包括皮特本人在内。我们的确成功地把人们的神经逼到了悬崖上。

　　幸运的是,我们把顾问更换成了皮特和鲍勃,他们勇于承受组织中的焦虑。我们确保他们"信任这个过程",直到最后一次会议,所经历的变革学习才变得明朗起来。与会者谈到了工作和个人生活上的变化,谈到了他们如何摆脱先入为主的限制,谈到了理解组织真正存在共同价值观的重要性。与过去三个月所听到的相比,参与者学习和项目成果报告的影响对于许多参会者来说是惊人的。我们非常重视从试点中所获得的反馈和教训。在开始推进项目之前,我们和参与者一起召开了几次汇报会,并且对试点设计进行了修改。

　　在 PSE&G 的推进过程中——11 个项目,近 300 名参与者,持续两年多——有许多经验教训可以吸取。尽管组织希望所有的参与者尽快参与 LIRW 项目,我们决定一次只运行一个项目,这样做的原因有:

❑ 战略课题会对组织产生重大影响，因为每个项目有 4 个小组，所以有 4 个以上的课题，将会超出组织对课题和团队的支持能力。

❑ 每个团队平均有 7 名参与者，所以一个项目至少有 28 位参与者。虽然项目是兼职形式的，但参与者需要为团队和课题工作贡献相当多的时间，这意味着组织需要为他们的工作提供一些补充的人力。

❑ 每个团队都有一位课题发起人，他们需要付出时间和资源来支持团队。在同一时间使用多于四位的发起人很困难。

❑ 从积极的一面来看，一段时间运行一个项目，LIRW 在两年多的时间里都会是组织的一部分，这将使行动学习的概念更容易内化到组织的结构中。

第 17 步：如何评价行动学习项目？

协同设计流程的最后一步，也就是第 17 步，是决定是否以及如何评估项目。一些评估传统培训的方法，例如柯氏的模型，也可以用于行动学习的评估，从参与者的满意度，所学内容，到对工作甚至组织的影响，从这些层面上对行动学习进行评估。也可以使用其他的评估和研究方法来评估行动学习项目，这将在第 5 章中详细讨论。现在，我们已经浏览了协同设计流程中的关键问题，第 3 章将会为您提供协同设计一个真正有效的行动学习项目所需要的详细内容。

第3章

成功落地:行动学习项目的实施策略

"如果在过去的几年里,你没有放弃过一个主要观点或者没有获得过一个新的观点,那么检查一下你的脉搏,你可能已经死掉了。"

——盖勒特·伯吉斯(Gelett Burgess)

"我们从寻找答案的过程中学到的东西,远比从答案本身中学到的东西多得多。"

——劳埃德·亚力山大(Lloyd Alexander)

我们已经了解了协同设计的概念及其17个步骤。我们还提供了一些案例,这些案例描述了协同设计流程是如何保证项目满足组织和参与者的需求和能力的。但是,那些达到或超出了协同设计目标的行动学习项目,究竟有什么特别之处呢? 项目取得成功的策略之一是确保协同设计具有所选择的行动学习流派的关键元素。在全球制药机构的行动学习项目中,协同设计要素既有挑战,又提供支持。例如,良好的提问方式和对假设的识别,这些都有助于成功设计批判性反思流派项目。

全球制药组织

全球制药组织使用的是个人问题。在其中一个项目的第一次研讨会中,欧洲某国一位业务板块的人力资源执行副总裁向小组提出了以下问题:"怎样使高级管理团队更好地管理他们的学习?"接着,他解释说,他的高层团队有 7 个人,其中包括营销公司总裁和他自己,他们在去年取得了良好的成绩,但在与其他公司同事分享知识和专长方面却做得不太好。他与一些同事谈到了他的担忧,但不敢公开提出这个问题。而且,有些总监之间关系不好,使这个问题变得愈加复杂了,"营销总监讨厌其他的总监"。他认为他们都需要合作,以确保业务继续取得成功。

小组和学习教练开始提出具有挑战性、支持性和洞见性的问题。例如:

☐ 如果缺乏合作,去年的成功从何而来?

☐ 所有的总监都有这种行为吗? 他们总是这样做吗?

☐ 你认为这种行为不好,有什么样的证据?

☐ 这种行为是公开的还是隐蔽的?

☐ 你对于这个问题的产生做了什么?

所提出的一些假设是:"我认为个人的野心是一个因素";"我认为这是一种可以接受的工作方式"。基于对问题、假设和重构的反思,副总裁重构了他的问题:"我如何帮助高级管理团队明白,他们不正常的行为最终将损害到营销公司的利益?"他决定要对他一直回避的问题采取明确的行动,并和总裁及管理团队讨论这个问题。

康格和本杰明通过对行动学习项目的调研以确定设计要素（最后一章中将会阐述），这些要素包括：学习课题的选择、目标和产出的确定、反思性学习的机会、高级管理人员的积极参与、利益相关的经营单元对小组课题的强烈而明确的认同。专业的教练和引导（第四章讨论）以及跟进，即学习的转化（第五章讨论）也要确定下来。我们的研究和经验也表明，关键成功要素要与执行（指与关键角色和策略相关的执行）相结合，以帮助人们学习。

在本章中，我们会发现一些从行动学习项目的成功实施中提炼出来的要素和策略；会看到发起人、参与者和学习教练（我们将在第四章中更详细地讨论）等关键角色。我们将会研究一些有助于参与者做好前期准备以及提升他们学习效率的策略；将会介绍小组课题项目的方法、个人问题项目的指导方针、个人学习目标达成的三类流程，以及各类项目的学习日志的使用。本章最后，则是对支持项目取得成功或导致项目失败的其他执行要素的描述。

我们将会用到 VNU 的开拓项目、PSE&G 公司的 LIRW（经验流派）和伯莱克斯的企业发展项目（经验和批判性反思流派）的案例，以及一些其他项目。

首先，我们来介绍一个混合行动学习项目，在该项目中，行动学习小组要完成的是一个行动研究课题。行动研究的过程与瑞文斯描述的行动学习非常类似，因此这个项目有一些科学流派的元素，另一些元素则跨越到了批判性反思流派之中。

美国退伍军人事务部门(VA)的行动研究课题小组

文/珍妮特·里德-赫克托(Janet Reid-Hector)

莱尔·约克斯(Lyle Yorks)

VA 的压力和侵犯课题来自于总部一位中层人力资源经理所提出的一个关于职场侵犯问题的需求和对话。提出这个需求,是因为这位经理意识到,许多他和他的同事所处理的处罚案例似乎都与对压力的反应有关,这种压力以侵犯行为的方式表现出来。纪律处分治标不治本。他与部门同事以及研究职场压力与侵犯问题的学术研究者进行了沟通,并最终促成了一个学术小组的成立,该课题小组成员包括 VA 人力资源特别专家和其他利益相关者。该小组得到了 VA 各部门的预算支持,并且获得了国家科学基金会(NSF)的支持,这个课题不断发展,最终确定了 3 个焦点:

☐ 发明一个用于测量压力和侵犯的仪器

☐ 开发了一个用于商业案例开发和检测的定量模型,在 VA 内部减少压力和侵犯

☐ 采用一个可实施的行动研究模型

随着上述资金的到位,由 3 位来自于不同大学的学术专家(两位心理学家和一位人力资源专家)、一些人力资源从业人员和 VA 专业人员组成的项目小组,开始了一个为期 3 年的课题,其中包括 11 个现场点和对照鉴定点(控制点),每个现场点都有自己的行动小组。

这个行动研究课题之中嵌入了行动学习课题小组,使用定量和定性两方面的数据,了解 VA 内部压力和侵犯的不同剖面。随着过程的展开,一个新的意图逐渐产生,即创建一个

可以渗透到整个组织中的提升组织绩效的新框架。该课题为期3年,从2000年底至2003年。课题阶段包括:组建现场点行动小组、从现场点和控制点收集数据并反馈给现场点、建立各网点的具体干预手段、讨论各网点行动小组的经验和在网点间分享学习等。课题小组与现场点的行动小组一起完成调研设备的设计和应用,将数据传回现场点,各行动小组采取行动来回应网点数据。

如上所述,该课题是由中层人力资源经理首先提出的,他也是课题团队的成员之一,而且发挥了催化剂的作用。他将课题小组的人凝聚在一起,从VA的各个部门(如决策管理办公室和VA学习大学等)争取到了财政支持,并经常在VA的各种专题研讨会和高层会议上做关于课题和学习情况的演讲。他的顶头上司给他提供了从事该课题的灵活性。此外,一名VA高管成为了该课题的活跃分子,并对一些现场点进行了访问。

随着该课题采用具有实施价值的行动研究模型,以及在组织内出现发动变革的强烈意愿,人力资源管理研究中心的学者和熟悉组织学习文化研究的人员确信,课题组成员正在进行明确的学习实践,于是他们邀请第4位具有成人学习研究背景的学术研究人员向小组介绍了一些学习实践的做法。随后,该研究人员被邀请加入到小组中,在课题研讨过程中非常活跃。他先前的研究和实地工作内容涉及行动学习和组织层面协作的探讨,在他的帮助下,小组意识到,他们需要学会用自己的方式来推动进程,并且要用新的眼光来看待传统的问题。在课题研究过程中,成员对问题和自己的角色进行了重新构建,像一个行动学习小组一样来开展工作。

接下来，我们介绍一个属于经验流派的个人问题的项目——全球金融组织的项目。

全球金融组织

这个项目设计于 20 世纪 90 年代末，其对象是新任经理，他们有的刚被提拔到管理岗位，有的是直接招聘过来的。项目的目标是：

☐ 学会通过挑战进行学习

☐ 在价值创造中确定自己的角色

☐ 培养管理判断能力

☐ 提高战术领导力

在为期两天的启动会上，高层管理者讨论了公司及管理团队的愿景，举办了主题为"管理技能和责任的理论与实践"的讲座，参与者参加了各种体验式学习活动。会后是三次为期一天的行动学习工作坊，共持续三个多月的时间。在第一次工作坊之前，参与者和行动学习小组一起，在《挑战澄清表》的指导下，选择要完成的挑战（问题），这些挑战要与他们的现任总监进行协商来做出选择，另外，还有其他一些指引性标准，包括：

☐ 当前实际工作的一部分

☐ 在你的职责范围内，可以采取行动

☐ 以挑战为导向，也就是说，不要提供简单的、明显的或仅仅是技术上的解决方案

☐ 循规蹈矩的人可能会不赞同潜在的解决方案

☐ 结果要有令人信服的收益

每个行动学习小组由 4～8 人组成,在每个研讨会上都有一位学习教练和他们一起工作。在研讨会上,每位参与者会有约一小时的时间,在此期间,团队使用一系列不同的行动学习流程来帮助挑战所有者解决问题。这些流程将在本章稍后讨论。

另一个项目是前面已经提到过的沃尔沃卡车的管理项目(VTM)。这个项目是根据批判性反思流派进行设计的,使用的是由 MiL 提出的被称为"行动反思学习"的行动学习流程。

沃尔沃卡车管理项目

文/沙龙·拉姆-哈特曼博士 Inside Out Learning 公司 CEO

作为卡车制造企业的龙头企业之一,沃尔沃卡车公司(VTC)走在了行业的前列,在 1990 年,它就意识到商业环境正在发生着显著的变化,其中包括全新的全球竞争环境,VTC 正在变成经济、政治、文化和生态利益相互关联的全球性社区的一个组成部分。与此同时,该公司进行了改组,组织结构分散化改变了过去那种强调生产、精益制造和快速决策的模式,尽管这种模式曾给企业带来了成功。

VTC 高层团队意识到,随着业务环境的不断变化,领导者的心智模式也要相应改变,即从旧的以制造为中心和指令式的方式转变为具有如下特征的全球领导者的方式:(1) 理解文化差异,并能够在高绩效团队中跨功能和跨地区开展工作;(2) 具备教练风格,关注客户满意度,发展他人和自我。实际上,VTC 希望管理者的心智模式由"高高在上(power over)"

模式转变为"权力共享(power with)"模式。VTC 需要一种方法来开发这种类型的领导者,使他们具有应对公司所面临的挑战的技能和能力。在 MiL 和 LIM 协同设计项目的过程中,VTC 向我们证明了:领导力开发项目可以帮助公司促进这类转型,也可以开发领导者有效应对 21 世纪的挑战的能力。

伊娃·阿内尔(Eva Arnell)负责 VTC 的领导力和能力发展领域,她参加过一个 MiL 的项目,她使用 ARL 领导力开发理念为 VTC 设计了一个类似的项目。VTC 将这个项目称为"VTM 沃尔沃卡车管理项目"。

ARL 项目对行动和反思都很重视,这里的"行动"指通过小组工作的方式,完成具有重要战略意义的业务难题;"反思"是独立的,指经过专门设计用以思考从彼此身上以及从理论中学习的机会。

截至 1997 年,VTC 实施了 6 个项目,每个项目持续时间为 1 年。项目的参与者接近 100 位,他们来自于 16 个不同的国家,完成了 28 个战略业务课题。其中两个课题为:(1)何时以及为什么 VTC 要利用供应商伙伴关系?(2)为了扩大业务范围,VTC 应开拓哪些主要区域?

每个项目包括 16～24 位管理人员,在为期 6 个月中召开 4 次时长为 5 天的会议。4 次会议包括两种形式:驻地研讨会(residential seminars)和课题工作。参与者被分成 4 个课题小组,每组 4—6 人。为了鼓励跨职能和跨文化沟通,项目小组的组成要最大限度地多样性(即功能、文化和个性的多样化),也鼓励每一次项目会议在世界的不同地方召开,以促进跨文化的沟通。

参与者从他们所完成的、对于 VTC 来说具有战略意义的真实课题中进行学习,但这些课题通常超出了他们专业技能的正常范围。因此,一个关键的设计前提是,当人们在陌生的领域处理复杂的任务和关系之时是发生学习的最大机会。没有专家在场,领导者也不能再依赖以前的知识,创造力、创新意识、勇气和判断力就成为了必备要素。

表 19 是 VTM 项目 2(1992 年)的设计。从项目 2 至项目 6,设计很少有变化,最主要的变化是讲座和活动在项目不同阶段的重新安排、某些环节的缩短或延长以及一些新活动的尝试。

表 19　VTM 项目设计

项目二	项目 2 的主要设计组成
会议一(1992 年) (比利时,布鲁格)	• 欢迎,彼此认识:高层参与、课题发起人演讲、课题准备 • 互动式讲座(26.5 小时),包括高层、学习教练和外部讲师的讲座。主题包括课题计划、全球业务环境、高效团队、比利时的不同文化、卡车工业战略和全球竞争情况 • 全体活动:文化晚会(以小组形式参观当地文化)和商业游戏的开始部分(1 天) • 课题工作:大约 2 天 • 全体反思和对话研讨会:2 小时
会议二 (北卡罗莱纳,格林斯博罗)	• 课题工作:3 天,其中包括一些讲座和活动 • 讲座主题:文化差异、业务控制、领导/管理技能、高绩效团队、MBTI 测试 • 反思和对话:2 小时 • 活动:商业游戏和文化晚会
会议三 (英国,伦敦)	• 课题工作:1+1.5 天 • 讲座主题:MBTI、360 反馈、课题小组反馈、高绩效团队工具和技能发展 • 活动:文化晚会和商业游戏 • 反思和对话:2 小时

（续表）

项目二	项目 2 的主要设计组成
会议四 (瑞典,哥德堡)	• 讲座主题:全球化管理和公司内部讲师讲座 • 活动:商业游戏竞赛,户外活动 • 课题小组汇报准备 • 反思和对话:2 小时 • 向高管发起人汇报项目和结业典礼

为了让项目取得成功,发起人需要做些什么?

项目成功的第一个关键角色是发起人。发起人这一角色在小组课题项目中比较常见。在小组课题项目中,课题"属于"小组之外的某位高级经理人或高管。然而,正如我们将在全球金融组织的行动学习项目中所看到的,发起人的角色也可以适用于个人问题的项目。发起人会对学习教练和小组施加一些影响,在奥尼尔的研究中,一位学习教练的评论可以说明这一点。

我和发起人的关系非常好。他参与了整个行动学习项目,并且对游戏规则非常了解,所以没什么问题。我认为如果你和 X 交流,问她发生了什么,她可能会觉得发起人操纵欲过强,所以她不得不小心。但要搞清楚的是,这实际上是小组的问题,小组的责任是通过努力找到让小组满意而不是让发起人满意的解决方案。我们当然希望解决方案会让发起人满意,但这并不是必需的。因此,发起人必须和小组保持足够的距离,只是提供帮助而非支配,我认为这是边界所在。

帮助发起人了解游戏规则的方式之一是,根据项目的需要来

定义他/她应该发挥的作用和责任。这些作用和责任可用于发起
人招募之时，也可用于发起人培训之时。

四个流派都确立了一些发起人的基本角色和职责，例如，"以
资源和承诺的形式提供支持"和"创造和支持项目目标达成过程中
的变革"。表20提供了角色和责任的一些说明，同时，还有一些内
容是为伯莱克斯的批判性反思流派项目发起人设计的。

表20 发起人角色和责任——小组课题项目

伯莱克斯行动学习发起人的角色和责任
以资源和承诺的形式提供支持
- 参加项目启动会，用课题给小组"充电"
- 提供小组所需要的支持
- 在项目期间，当小组需要时就会出现
- 鼓励小组接受行动的责任和权力
- 确保参与者的管理者和同事对完成课题和进行学习所需的时间承诺提供支持
- 根据需要，做小组和组织之间的联络人
- 参加最后的项目汇报

以身作则的示范项目中所教授的行为
- 寻求小组、高层领导者和学习教练对自己行为的反馈
- 讨论当你意识到自己的学习需求时的情形，以及你是如何学习的
- 分享你在试图示范新行为时所犯的错误
- 鼓励小组提问

期望参与者既完成小组课题，又达成个人学习目标
- 通过开发衡量课题成功的标准，强化课题完成和学习之间的平衡
- 在与小组的所有互动中强调平衡
- 与参加者交谈时，明确地询问学习和行为转变的情况

为项目创造一个开放、支持和富有挑战性的环境
- 愿意挑战关于组织和文化的假设
- 鼓励小组验证他们理解的组织的规则或文化
- 对不同于自己的想法保持开放的心态，鼓励承担风险
- 将参与者所犯的错误视为学习的机会

创造和支持项目目标达成过程中所产生的变革
- 支持参与者对新的行为负责，并奖励进步
- 致力于发展和改变自己的行为，以便于对所需的改变持续提供支持
- 鼓励参与者回到工作岗位后使用新的行为
- 项目结束后，帮助参与者创造机会以继续发展技能和行为与学习教练签

订合同
- 与小组的学习教练签订协议,包括如何协同工作为小组提供支持,以及项目期间的沟通时间表
- 给学习教练提供明确可见的事实,证明学习与课题同等重要(团队将会将重点放在课题上,发起人不必担心参与者不关注这种支持学习的任务)
- 对课题/问题的重构或用不同于预期的方式解决问题持开放的心态
- 承诺与教练保持开放、持续的沟通

在对英维思"领导力在行动"项目发起人的描述中,霍普夫纳·卡勒介绍了他们发挥自己作用的一些方法。

英维思"领导力在行动"

文/凯特·霍普夫纳·卡勒 KHK人力资本咨询

每个组都指定了一位来自于高层团队的发起人,他们在需要时为小组提供支持、指导和必要的资源。发起人不提供答案,但鼓励小组寻找答案。每个发起人在第一届会议期间与他/她的小组会面,介绍课题的定义和英维思对小组的期望。发起人答应在项目结束时的总结回顾之前,他们至少与团队召开3次进展情况汇报会和回顾会。

发起人在个人问题中的角色与在小组课题中的角色有所不同,因为个人问题项目中的问题本身是由参与者所拥有的,发起人更多时候是扮演一个支持者的角色,而非所有者的角色。在全球金融组织行动学习项目的协同设计过程中,参与者的总监参与问题选择非常重要,所以,他们的作用与发起人相当。为了满足组织的需求,发起人的角色和责任请见表21:发起人的角色和职责—个人问题项目。

表 21　发起人的角色和职责—个人问题项目

> **全球金融组织的行动学习项目发起人的角色和职责**
> 在行动学习研讨会开始之前与参与者讨论后者的期望,包括:
> - 参与者从小组成员处得到解决挑战的想法和支持
> - 参与者利用一切学习的机会
> - 参与者学习如何提出有见地的问题:质疑假设、重构挑战
> - 参与者出席所有行动学习研讨会的重要性,以确保所有参与者从这个经历中获益
>
> 在参与者选择挑战时提供援助
> - 讨论参与者所选择的问题,或协助参与者进行选择
> - 确保问题符合下列标准
>   - 是参与者实际工作的一部分
>   - 是一个没有已知解决方案的问题
>   - 是一个循规蹈矩的人不认同其产出的问题
>   - 是一个参与者可以对决议采取行动的问题
>   - 您和参与者对产出有兴趣
>
> 出席第一次行动学习研讨会
> - 在研讨会上,将参与者的工作和学习与部门的总体目标相连接
> - 体现对参与者将要从事的工作的支持
> - 对参与者的提问提供帮助
>
> 支持和鼓励参与者在回到工作岗位后尝试使用不同的工作方法/新的行为
> - 在研讨会后与行动学习参与者会面和交流,讨论他们与小组一起所承诺的行动和学习
> - 明确讨论你在支持他们的努力方面可以做些什么
> - 给参与者提供与部门其他人员分享学习的机会

参与者如何做好前期准备?

　　参与者的前期准备对于成功至关重要。准备可以采取多种形式。例如,在 PSE&G 公司 LIRW 项目中,发起人亲自给每位参与者打电话,向其解释发起人为什么选择他,他/她觉得应该做出什么样的贡献。发起人/高管和参与者的这种接触,对于一个新的行动学习项目来说至关重要,这可以提升参与者对项目价值的重视程度。

通常,参与者和学习教练在项目前会进行交谈,使参与者明白在行动学习项目中,他/她和教练的角色分别是什么。正如对发起人角色的描述一样,许多项目也提供了关于参与者的角色和责任的描述。英维思项目的案例请见表 22:参与者的角色和职责。

表 22   参与者的角色和职责

英维思:行动学习参与者——角色和职责

对学习持开放心态

- 普遍对学习持开放心态
- 用开放的心态来学习怎样从不同的角度看待自己、自己的日常工作以及所在的组织
- 追求问题解决与学习之间的平衡
- 对于从不同的角度来思考问题/课题持开放态度
- 与小组中其他人分享你的学习
- 将所学应用在工作中

对小组成功的个人承诺

- 日常参与——参加每一次会议(不论面对面的还是虚拟的),全程参加
- 平等参与——使每个人有足够的时间表达想法和提问
- 质疑和挑战——推进反思和具有挑战性的问题,以确保课题的最好结果
- 反思——检查自己的假设和自己行动的质量——完成承诺,支持其他团队成员
- 同伴支持——通过聆听和关注,建立一个积极的环境
- 建立信任、保密
- 在交谈、倾听、观察和思考之间保持平衡
- 识别隐藏在已经提出的问题/课题背后的问题

学习教练在行动学习项目中所起的作用是什么?

我们知道,学习教练会出现在项目中,他们对于项目成功非常关键。学习教练在经验流派和批判性反思流派之中最为常见。MiL 早期曾根据项目参与者的反馈做过一些研究,这些项目有的

有学习教练，有的没有。研究结果表明，教练可以帮助管理者打破想当然的心智模式和老套路。保纳（Bourner）和威斯坦（Weinsten）的研究也表明，没有学习教练可能会给团队带来一些问题或陷阱。首先，没有学习教练参加到小组中，"小组全部的注意力往往会转移到问题的解决方案上……"第二，会有丢失一些学习维度的危险，小组变成了另一个课题小组。

在科学流派中，学习教练主要参与行动学习小组的发起，这个角色所承担的责任与其他两个流派类似。绩效流派则不同，有时候根本就不需要教练。有时候，小组在流程顾问的帮助下开展工作，流程顾问负责管理小组的动态。康格和本杰明描述了专家催化——接近于早期 GE 项目和业务驱动型行动学习中的角色——通过催化，"催化师和教师能够协助小组巩固知识和从信息中学习……（和）在这个过程的初期提供所需的结构和分析框架"。由于多种原因，其他人不推荐专家催化。瑞文斯的支持者谴责教练在过程中加插了自己的专长，"偷走"了参与者的学习。根据我们的经验，学习教练有助于保持学习的空间，学习教练拒绝承担专业引导者的角色，而由参与者自身来承担这一角色，这样就会更成功。根据这个说法，参与者自己做得越多，他们越容易充分内化学习，越容易将所学转化到工作中。瑞林指出，"对题材的'无知'意味着需要问较难的问题，这些提问对于参与者构建问题非常有用。"

许多项目提供了书面的关于学习教练的角色和职责的描述，以便将学习教练这个角色与参与者以前见过的其他相似的小组角色进行区分。表 23：学习教练的角色和职责，说明了 VNU 学习教练的角色和责任。学习教练角色的详细讨论请见第 4 章。

表 23　行动学习教练的角色和职责

小组干预者
- 将提问作为最好的干预方法
- 帮助参与者学会问好问题
- 帮助小组平衡任务与学习
- 帮助小组处理在平衡工作和学习中所产生的情绪
- 使小组的工作可视化
- 挑战小组
- 使学习能够发生
  - 创造一个积极的环境
  - 帮助而非给予
  - 创建不同的思考方式
- 什么也不说；保持隐身
  - 不干预
  - 允许问题在小组中存在，促使学习发生

小组反思促进者
- 帮助小组反思进步点和解决问题的流程
- 帮助小组学会如何反思以诊断团队问题
- 将反思作为干预工作的组成部分
  - 在固定时间进行反思
  - 在小组卡住或陷入困境时使用
  - 使用提问促进反思

团队教练和培训师
- 利用"即时学习"理念和来自于小组的帮助需求，确定提供培训和/或发展的适合时间
- 和小组成员分享角色
- 帮助小组学习如何将项目所学转化到工作中
- 帮助小组学习如何从工作中学习
- 与小组一起努力，将学习教练的技能转移到小组中
- 帮助参与者彼此给予和接受帮助和反馈

发起人联络者与个人教练
- 与小组发起人签订协议，内容包括如何携手工作，以及在项目期间的沟通时间表，以确保发起人的参与性，确保发起人对所承担的角色感到舒适
- 与发起人签订关于发起人为项目担任适当的教练角色的协议
- 与发起人一起努力，使参与者理解工作和项目所需的学习之间的平衡，以及如何强化这种平衡。
- 帮助发起人质疑和挑战他/她自己对于"正确"解决方案的假设和想法，使这种错误的信息不要传递给小组

小组课题的行动学习小组需要做些什么？

　　尽管项目是按照产生特定的成果目标进行设计的，但由于行动学习的本质和由此产生的潜在学习，产出往往无法保证。话虽这么说，我们的经验和研究表明，如果能在行动学习项目中使用某一些方法，取得成功的可能性会更大一些。

　　首先，我们根据经验和对其他项目的研究，总结出了一些一般性的准则，可以应用于小组的全过程中，它们是：

- [ ] 在相对隐私和安静的环境中开会，避免干扰
- [ ] 使用小组创建的任何形式的会议指导方针。例如，对议程和时间分配的决定；转换领导和其他团队角色；在每次会议结束时设定行动步骤等
- [ ] 使用课题规划工具，为重构、质疑、学习提供机会
- [ ] 对任务、过程和学习的质疑
- [ ] 对任务、过程和学习的反思
- [ ] 适当重构课题
- [ ] 解决问题，并做出决定
- [ ] 发现和解决冲突
- [ ] 挑战自我、其他组员和组织
- [ ] 撰写学习日志

　　和任何致力于完成工作的会议一样，行动学习会议要留出空间来，尽可能减少来自于他人和电话的干扰。对于行动学习会议来说，隐私也是一个要素，因为我们期望参与者自由地彼此质疑和挑战，以及质疑和挑战组织的做法和规范。

　　下面一条的措辞很重要，那就是："使用团队创建的任何形式

的会议指导方针"。如果团队没有建立任何的会议指导方针怎么办？学习教练要让参与者在没有指导方针的情况下尝试着继续会议，至少在会议的早期是如此。一些专业的引导者可能会事先提供规划工具。但在许多行动学习设计中，一个关键的通用原则是，允许人们从自己的错误和困难中进行学习，这个原则也是指导学习教练如何与团队一起工作的原则。如果学习教练介入过早，小组将越来越依赖教练，而非对自己的学习负责。行动学习认为，在相对无风险的环境中，人们更容易提出好问题、进行反馈，并有机会审视所做选择的后果，从这些行为中，他们可以获得更好的学习。因此，这种自主的学习是许多行动学习设计的首选。学习教练在小组中的工作将在下一章详细讨论。

行动学习小组可能会使用一些规划流程来完成任务，而这些流程正是组织一直希望他们学会使用的。但行动学习小组与其他类型的课题小组的区别在于：使用这个流程来规划课题的同时，也会对学习机会进行规划。学习教练的一部分作用是帮助小组选择和使用这些不同的流程。经验和批判性反思流派的一些教练所使用的是一个行动规划循环（表24），这是一个问题提出、重构、解决的过程，而不是一个简单的问题解决过程。我们给小组提供了一些从行动学习的视角来审视课题的步骤。

机会始于第1步：确定/重构课题。这一步的前提是：虽然发起人刚刚提出/提供了课题和相关的信息，但小组中的每个参与者所听到的信息却可能不尽相同。参与者所听到的是被他/她自己的参照系、意义观点（meaning perspective）或假设、预期过滤过的信息。由于我们意识不到这些意义观点，因此，行动学习小组讨论他们从发起人那里所听到的内容，尝试去确定他们对于课题的定义和界定是否达成了初步共识就显得非常重要了。如果没有达成初步共识，就需要更多的信息和讨论。

表 24　行动规划循环圈

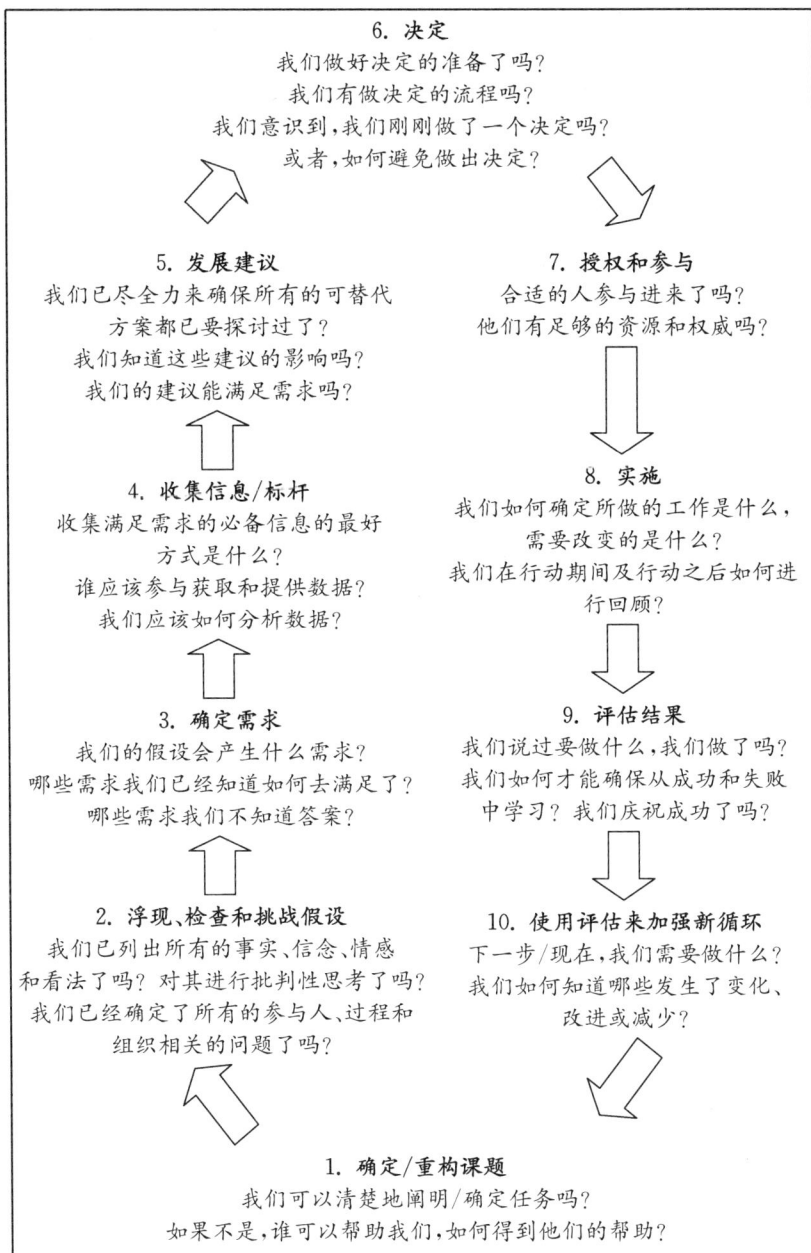

6. 决定
我们做好决定的准备了吗？
我们有做决定的流程吗？
我们意识到，我们刚刚做了一个决定吗？
或者，如何避免做出决定？

5. 发展建议
我们已尽全力来确保所有的可替代
方案都已要探讨过了？
我们知道这些建议的影响吗？
我们的建议能满足需求吗？

7. 授权和参与
合适的人参与进来了吗？
他们有足够的资源和权威吗？

4. 收集信息/标杆
收集满足需求的必备信息的最好
方式是什么？
谁应该参与获取和提供数据？
我们应该如何分析数据？

8. 实施
我们如何确定所做的工作是什么，
需要改变的是什么？
我们在行动期间及行动之后如何进
行回顾？

3. 确定需求
我们的假设会产生什么需求？
哪些需求我们已经知道如何去满足了？
哪些需求我们不知道答案？

9. 评估结果
我们说过要做什么，我们做了吗？
我们如何才能确保从成功和失败
中学习？我们庆祝成功了吗？

2. 浮现、检查和挑战假设
我们已列出所有的事实、信念、情感
和看法了吗？对其进行批判性思考了吗？
我们已经确定了所有的参与人、过程和
组织相关的问题了吗？

10. 使用评估来加强新循环
下一步/现在，我们需要做什么？
我们如何知道哪些发生了变化、
改进或减少？

1. 确定/重构课题
我们可以清楚地阐明/确定任务吗？
如果不是，谁可以帮助我们，如何得到他们的帮助？

　　参照系由两个维度组成:第一个维度被称为"心理习惯",这是对经验的意义解释起过滤作用的一组假设。第二个维度是产生于这组假设的观点。第一个维度往往是推动小组进入行动规划循环第二步的触发器,因为它使对假设的浮现、检视和挑战成为必然,以便于对课题和它的参数达成共识,而这些假设是每位参与者参照系的一部分。这一步的流程见表25:假设。

表25　假设

什么?
　　假设是关于一个主题的所有信念、思想、直觉和想法。我们用假设来指导行为。
为什么?
　　当我们开始相信自己的假设和推论是事实时,我们会陷入困境。既然我们每个人对主题都有不同的假设,在开始共同工作之前,澄清和挑战我们所有的假设就变得非常重要了。如果不这样做,我们可能会发现,我们所认定的事实得不到共享,我们对课题的方法不相吻合。
如何做?
　　1. 小组认同你所理解的对课题的陈述吗?
　　2. 反思并写下你现在持有的假设
　　"当我说……的时候,我认为我是对的"
　　"我认为……"
　　3. 分析假设
　　• 作为一个团队,在画架上记录你们的假设,直到所有的假设都列出来。
　　• 你是怎样检查出这些假设的? 如果你的假设不正确,会有什么不同? 如果你的假设了与别人分享,会有什么不同?
　　• 你认为这些关键假设具有多大程度的可挑战性!
　　• 讨论后,你会如何改变这些假设?
　　4. 回到课题信息上来,确定课题是否已经改变,或得到了进一步的澄清

　　一旦小组的假设浮出了水面,已得到了检查、质疑和澄清,小组就可以确定课题应该怎样重构了。这个过程在图6中将得到更加生动的说明。请见图6:学习在哪里发生。

图 6　学习在哪里发生

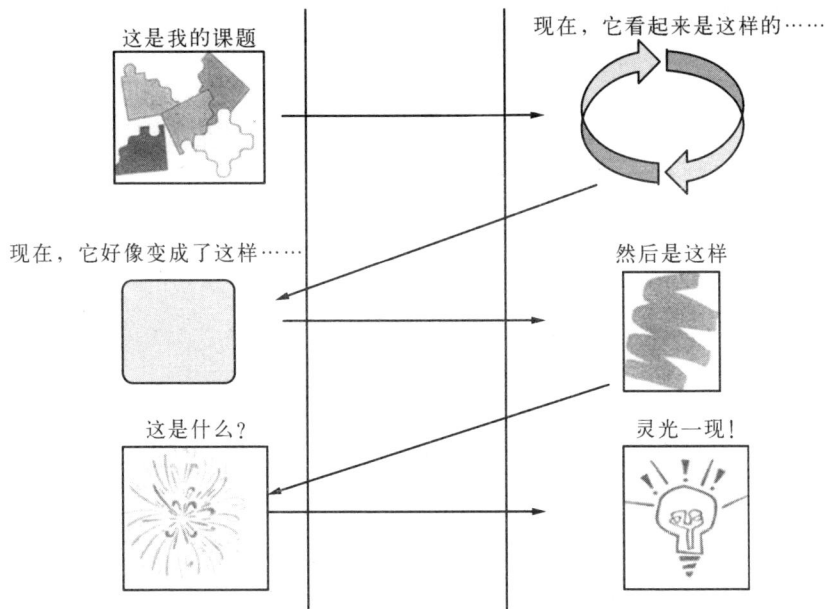

　　当小组继续工作时，他们继续对课题进行提问，并朝着最终的解决方案迈进。正如行动规划循环的第 3 步所示，需求逐步变得明朗了起来，这些需求直接来源于这些假设，以及在小组内不断质疑和反思过程中浮现出来的其他假设。

小组还要做什么来促进提问、质疑与反思?

　　当小组在行动学习项目中走到行动规划循环的其他步骤时，质疑与反思成为了行动学习课题工作的组成部分。在行动学习中，学习发生的主要方式之一是提问或"质疑性见解"。质疑性见解被描述为"有辨别力的问题"或"新颖的问题。"有辨别力的、新颖的、看似幼稚的提问对于达成创新性的解决方案来说非常重要。行动学习中的提问与其他课题工作中的提问二者之间的最大区别是,行动学习中的提问不仅仅是寻找答案。相反,提问的目的是要深入挖掘和达成更好的理解。提问不仅是寻找答案,而是一个探索的机会。玛利莲·哥德伯格·亚当斯(Marilee Goldberg Adams)指出,"提问规定了答案的形式和方向。"她广泛研究了"学习者"和"评判者"心态之间的差异,这种心态影响了所提问题的性质,这又反过来影响了提问是否为新鲜的思维开启或关闭了机会。

正如其他新概念一样,提出好问题的技巧和艺术由学习教练首先来示范。正如将在第四章中所讨论的,学习教练的目标之一是示范新的行为,然后努力将这种新行为转移到行动学习参与者身上。

对于所谓的好的提问,有很多分类方法。最终的结果是提问应该具有挑战性、能够产生反思和学习、能让别人说"我从来没有想过这一点"。这类提问请见表 26:行动学习的提问类别。

表 26　行动学习的提问类别

提问类别	提问示例
客观的	谁是关键参与人物?
反思的	如果我们质疑组织为什么要继续做 X,你认为会发生什么?
影响的	如果我们的建议会让他人失去工作,我们会有什么感觉?
探索性的	该件事情为什么会发生?
解释性的	我们认为接下来会发生什么?
挑战性的	为什么一定要用这种方式?
联接性的	如果我们做 X,对底线会有什么影响?
决定性的	我们怎样才能使问题有所不同?

行动规划循环各步骤中还有一些其他的问题,这些问题的目的是引导小组完成整个过程。当小组在循环中向前推进时,学习教练和发起人也扮演着支持者和挑战者的角色。根据项目的设计元素,小组在整个循环中可能会实施和评估他们的建议,也可能会

将建议交给另一个小组或受影响的部门来实施,在第二种情况下,
行动学习小组对他们的建议常常发挥着咨询顾问的作用。

反思也是行动学习中学习发生的不可分割的组成部分。多种
反思的机会会增加项目成功的可能性。反思的实质与质疑性见解
相关,因为好的提问经常会对反思起到指导作用。"反思包括这样
一些流程,在其中,学习者努力再现、发现和重新评估他们的经验,
对经验进行加工,使其转变成学习。"反思本身并不是目的。如果
不与经验和行动挂钩,反思的好处可能就不复存在了。

与前面所讨论过的检验假设的概念相似,批判性反思涉及探索
类提问,这与问题解决类提问有所区别。在批判性反思中,人们认识
到,他们的看法可能存在缺陷,因为它们已经被过滤了,而过滤器正
是对于来自于家庭、学校和社会的意见、信念、态度和情感的不加批
判的接受。这种有缺陷的看法往往会扭曲对问题的理解。花点儿时
间来反思,即使是表面形式的反思,其力量也是非常强大的,而批判
性反思更是如虎添翼,因为其关注点直指课题的最底层。表 27 中的
一些指导方针,可以帮助小组理解反思的流程和合理性。

表 27 反思的指导方针

什么?
　　停下来,想想刚刚在团队中发生了什么或者起因是什么;批判性地思考一
下你或其他人做了什么、说了什么。
为什么?
　　反思使团队的工作更加明确,使团队对于如何一起工作有了更多的选择,
使团队更好地了解小组和个人哪些做得好、哪些需要改进,可以防止小组直接
跳跃到错误的结论上,并且允许寻找替代性方法。
如何做?
- 在日程中,给小组提供时间,停下工作,用来反思。
- 问一些适当的探索性和反思性的问题,帮助小组关注反思。
- 请小组成员在发言之前,在学习日志上记录下他们的想法和感受。
- 请小组成员分享他们的反思。
- 指导小组成员思考这些反思对于团队课题、流程和自我的意义。

　　还有其他一些好的方式可以帮助小组将反思带入他们正在进行的团队工作中，以及将反思的概念和益处转化到工作和生活的其他方面。退伍军人事务项目的行动学习小组正是一个这样的案例。

美国退伍军人事务部的行动研究项目小组

文/珍妮特·里德-赫克托和莱尔·约克斯

　　课题小组经常使用不同的方式来刺激反思，并将这些方式介绍给了现场点。"我知道我知道、我认为我知道、我知道我不知道"的学习窗，对意想不到的事情的开放心态，成为小组会议及各种学术会议的演讲的共同框架。然而，这种接受是伴随着考验一起走过来的。起初，也有一些消极的抵抗。一位小组成员说：

　　在第一次会议上（教练出席），他开始使用一些做法让我们学习……我讨厌它……我感到皮肤发痒。我一直想着的是……我们的时间有限，我们还没有任何成果，现在我却开始了这个令人恼火的胡扯……它让我发疯了，我不得不承认我真的不情愿。我的意思是我盯着纸，想不出任何东西，然后轮到我了，我只能当他人的"应声虫"。

　　随着经验的积累和时间的推移，这种做法变成了这个流程中非常有价值的部分。正如一名小组成员所说："这种学习法已经渗透到了团队的共同语言中，而不再是被当作一个正式的事件。"另一个小组成员指出，"学习实践……已成为我们剧本的一部分。"还有一名成员说，"引进这种学习法帮助我们彼此交谈……因为我们都在学习的模式之中……"

当团队成员对这种学习法感到越来越舒服时,他们在行动中加入了更广泛的学习反思的做法,包括通过可视化的方式将组内不同角色的相互联系展现出来,从而收获学习成果(harvesting the learning)的练习,一位小组成员介绍了这些经验:

我们在华盛顿开了一次课题会议……(包括)……收获学习成果。每个人将课题中发生的有意义的事情写在了 POSE 贴上,并把它们贴在标注了时间线的大纸上……你可以看到,不同的人回忆起了不同的事情,也忘记了一些事情……我们原计划上午用 2 个小时的时间来收集这些学习成果。事实上,我们决定延长到近 5 个小时,因为它非常有用,我们要花些时间来讨论。

另一小组成员表示,"随着收获学习成果的经验的增加,我们可以将自己'悬停'在课题上方,以全方位的方式来看待它,然后下降,带着新的视角回到课题中"。

后来在该课题中,小组成员用了类似的格式来审查取自于现场点的流程和数据间的关系(既包括定量的也包括定性的)。他们也用学习窗对来自于数据的发现进行分类,检验用以得出结论的假设。

尽管我们一直是从更深入地理解课题和从课题中学习的角度来讨论提问和反思的,但在行动学习小组中,质疑性洞察和简单或批判性反思也可用于小组工作和参与者的自我认识过程中,还可用于个人开发中,有一些提问方式可以对这类反思起到指导作用,请见表 28:反思性提问。

表 28　反思性提问

情形	反思性提问示例
了解小组内发生了什么/没发生什么	作为一个团队，我们做得怎么样？ 从团队的共同工作中，我们学到了什么？ 我们彼此之间沟通得如何，为什么？ 今天什么发挥了作用？什么没有发挥作用？ 关于团队，我学到最重要的是什么？
了解项目发生了什么/没有发生什么	项目中发生了什么？什么没有发生？ 我能做些什么来影响行动？ 关于项目的进展，我们的满意水平是什么？ 我从项目中学到的最重要的是什么？
了解接下来应该发生什么	在下次会议时，我们可以做些什么？ 在下次会议上，我们希望继续做什么？ 基于目前所做的事情，我们的下一步要做什么？
基于上次会议的进展情况，如何防止/避免上次会议所遇到的问题	上次会议上我们做了哪些我们希望这次会议上能够继续那样做的事情？ 我们对上一次会议的感觉如何？ 在上次会议上，我们为什么没有完成我们想要的东西？我们现在应该做些什么不同的事情？
当日程或流程不起作用时，帮助小组开会	我们又一次超出了日程安排的时间。我们做了什么，使得我们不能遵守时间的分配？我们如何纠正？ 我们似乎重温了议程。我们为什么不清理我们所做的决策？
帮助参与者了解如何将所学转化到日常工作中	在小组中我学到了什么可以用到我目前的工作当中？ 基于我所在的行动学习小组做决定的方式，我怎样改善做决定的方式？ 基于我在小组中的经历，我的领导风格获得了什么改变？
帮助参与者就对会议的成功所做出的贡献给小组成员提供反馈	每位参与者做了什么，使我更容易做出贡献？ 谁今天对会议/电话会做出了最突出的贡献？ 今天，我认为给大家的哪些反馈很重要？

　　到目前为止，我们已经讨论了通过对质疑、反思和假设的识别，将学习注入到问题解决之中的策略。以下是成功使用这类策

略的一些案例。

沃尔沃卡车管理项目

文/朱迪·奥尼尔、伊娃·阿内尔和厄尼·特纳

通过质疑和挑战组织的假设,在最终发起人的支持下,小组能够对最初的课题进行重构,使得课题在组织层面上具有一定的影响力。小组最初需要找到关于"瘫痪"(即卡车的意外停止)的普遍情况,然后找出处理的办法。看起来这是个非常简单的概念,不需要花费太长时间来弄清楚,但当小组开始研讨这个问题时,课题范围发生了改变,从仅仅找到一般性的情况变成了从更系统性的角度来看待这个问题。

通过对停机原因的确定,小组从服务机构和担保部门追溯到了设计和工程部门。他们开始认识到,由于缺乏系统的沟通,关于生产问题和维修周期的有价值的信息不能及时到达正确的人手中。由于客户服务的重要性,关于停机这样一个相对简单的问题,逐步发展为客户、经销商、服务中心、分销商和制造商之间的关系问题;最后变成了如何改进整个价值链的沟通问题。

课题小组与他们的发起人每周会面3天,就他们的计划和接下来的工作进行激烈的对话。对于这一点,发起人说:"这超出了我想让你们做的事情,我只是想就解决停机问题获得一个更好的系统。"小组说:"任何人都可以做到这一点。你所在组织的人也能做到这一点,我们必须从系统性的角度来看待问题。"

小组最终取得了胜利,随后的成果非常显著。一位客户

参加了他们的一次数据收集会,这位顾客说,由于他在停机处理方面没有得到帮助,他正打算转向另一家公司呢。现在,这位顾客坐在一组高层经理人面前,说他打算不再选择该公司,这时这些经理人无法对他做出回应。他们所做的是,回去向CEO汇报,请CEO亲自去拜访这位客户。该小组的工作最终帮助公司开发了一个更快捷有效的方式,帮助公司找到造成停机的原因,并将所收集到的关于这个问题的信息反馈给了适当的部门。

另一个案例说明了问题提出的过程,这是行动规划循环中最重要的一步。相比于问题解决过程来说,这一过程更易于找到问题的真正原因。小组被指定参加旨在提升员工满意度的课题。员工满意度调查结果表明,问题主要存在于几个方面。他们从外部薪酬调查开始着手,然而,当他们对组织内所开展的全面质量运动及其与员工满意度的联系进行分析时,他们开始怀疑,在一个真正具有质量文化的企业中的有意义的工作,会不会比额外的报酬或利益有更强的驱动力?通过对这一假设的进一步研究,他们认识到,质量文化的关键特征是尊重。

接着他们开始质疑和挑战组织对于尊重的假设,他们意识到,在他们的文化中,表现出组织内缺乏尊重的一项指标是,员工经常在电话会议或封闭式会议进行的过程中被那些需要即时信息的人打断,虽然他们也表示了道歉,但这样的行为让人感到没有被尊重,也产生不了高质量的工作,因为注意力转移到了其他未完成的任务上。在这个课题的研讨中,问题的提出始于外在奖励,然后转移到了有意义的工作上,最后变成了在公司内创造一种尊重的文化,结果是员工的满意度得到了提升。

辉瑞 PLP 项目为小组完成课题提供了不同的方式。虽然小组成员必须自己明确如何完成工作,但他们还拿到了一个指导性框架和关键流程。

辉瑞公司的绩效领导力项目

文/查克·威廉姆斯

每个小组会议要包括 GRPI 框架的使用:

G(Goals)——目标明确吗?

R(Roles)——角色确定了吗?

P(Process)——流程清晰吗?

I(International)——小组成员间的人际关系适当吗?

其他关键流程组成部分包括:

☐ 情感历程线(即由成员的工作经验所形成的生活经历)

☐ 参与规则

☐ 标杆的技术要点和最佳做法

☐ 360 度反馈

☐ 领导力评估(行为风格)

☐ 对于进展情况的反馈

☐ 团队建设练习(合作解决问题)

☐ 变革管理生命周期和领导力

☐ 利益相关者的列示和管理

☐ 业务案例开发和沟通

☐ 学习点(teachable point-of-view)的开发和完善

☐ 执行"金鱼缸"决策制订流程

行动学习教练/顾问提供了许多框架、流程和机制,他们与小组和发起人一起将工具与项目作为一个整体来进行调整和组织，这些工具集是由美国和国际上的许多领导力小组经过多年的努力开发出来的。

如何区分小组课题与个人问题的项目工作？

尽管项目工作的总体结果是相似的，两类项目小组都强调解决问题与学习之间的平衡，但个人问题的项目小组所使用的流程要有所不同，因为有多个问题需要解决。适用于这些小组的一般准则包括：

☐ 每位参与者都有一段特定的时间期限提出/讨论他/她的问题

☐ 每个参与者扮演两个角色：陈述人和支持成员

☐ 参与者不需要向陈述人提供解决方案，但要帮助陈述人达成他/她自己的行动计划

☐ 陈述人可以按其所期望的方式使用时间（虽然学习教练通常会提供一些他/她可以选择的指引）

小组共同成功地在行动学习中解决个人问题的方式请见表29：个人问题行动学习的流程。每个参与者都会有一段时间让小组来关注他/她的问题，最好要保证在一个小时以上。他/她首先介绍必要的问题背景，时间通常不超过10分钟。如果使用问题澄清表（第2章中表16所示），将会为初始描述提供有用的信息。接下来，小组根据自己对问题的思考，向参与者提出支持性和挑战性的问题。因为这个问题是参与者一直在努力解决的重要问

题，可以假定他/她已经想出了很多解决方案。所以，这个工作的目的不是提供解决方案，而是要帮助参与者从不同的角度来思考问题。

表 29　个人问题行动学习的流程

你……
- 描述问题，并说明它对你来说为什么重要
- 讨论你所希望的结果/成果
- 描述成功的景象
- 告诉小组，你希望从他们那里获得什么
- 仔细聆听小组的提问、假设和框架
- 反思并回应，或者反思并思考
- 描述你将采取什么行动

其他人……
- 先问"客观性的"、"反思性的"和"解释性的"的问题
- 最后问"决策性"的问题
- 避免提供建议
- 不要打断
- 避免抢角色（Avoid taking over the floor）
- 不要用太多的问题轰炸陈述者
- 提供你的假设
- 帮助重构问题

团队成员和学习教练通过提问来启动流程。表 30：行动学习小组提问指南，提供了一些案例。这个提问指南的目的是给参与者一些行动学习所认为的质疑性洞察的一些案例。随着小组经验的积累，在学习教练提出的好问题的示范之下，参与者可以开发出自己特有的提问方式。尽管参与者可以马上回答问题，但我们通常建议他们把问题写下来，不要立即回答，以便他们对继续保持提问所引起的新想法的敏感度。稍后我们会讨论参与者对所提问题的反思。

表30 行动学习小组提问指南

作为行动学习小组的一名成员，你的作用是帮助提问者从全新的角度来反思和思考他/她的问题，以便于产生可落地的行动，而不是立即提供解决方案和建议。

客观性提问

发生了什么？

你做了什么？

究竟是什么？

关于……你能说的多一点儿吗？

谁是关键参与人物？每个人？总是？

你说的是……？

还发生了什么？

然后发生了什么？

今天我们怎样更好地帮助到你？

反思性提问

所以你说的是……？

你有没有想过有关问……？（你在当时情况下的提问）

你探索过/想过……？

如果……你认为会发生什么？

高峰是什么？低谷是什么？

通过做……，你希望实现什么？

那让你感觉如何？

如是是不同的人、时间、地点，会有什么不同吗？

你是怎么想的……需要改变吗？

你想怎么……应对的？

你可以做什么？

解释性提问

到目前为止，你学到了什么？

你觉得是怎么回事？

你已经尝试过什么解决方案，结果如何？

影响是什么？

在达成解决方案过程中有什么限制？

是什么促使你去做……？

你觉得……将有所帮助？

如果你……会发生什么？

为什么这对你来说是个问题？

听起来好像你感觉……你是怎么反应的？

你怎么知道是否……？

决策性提问

下一步你会做什么？

什么阻止你……？

你怎么能……？

你能做些什么，使问题变得不同起来呢？

你认为……？

将……是有用的？

流程的下一步与行动规划循环中的第二个步骤相似,即参与者浮现、审查和挑战问题持有人的假设。由于关注的是个人问题,所以流程也略有不同。

1. 让小组成员反思并写下他们对于正在思考的问题的假设,这些假设可以与问题持有者的假设不相同。

"我认为……

"我认为当我说……时,我是对的"

2. 将每个小组成员的假设告诉问题持有人。允许问题持有人质疑、反应或只是聆听,以便他/她可以使用这些假设来帮助他/她从不同的角度进行思考。

3. 另一种替代方法是让小组反思并写下他们认为问题持有人所持有但他/她却没有意识到的假设。

如果时间允许,请问题持有人选择一个或两个他/她认为最有挑战性,或帮助他/她从不同的角度思考问题的提问或假设。基于问题持有人对提问和假设的答案或反应,小组能够得到流程最后一步的补充信息,即重新定义问题。再次,这一步与行动规划循环中小组的活动相似,对个人问题有更直接的关注。重构问题流程的更详细解释请见表31。

表 31　重新定义问题

什么?
当人们深入探索问题的根本和底层动力时,一个经常发生的情形是:我们开始发现,我们对问题的原始构建是错误的。因此,在批判性反思中,最重要的步骤是重构问题。在问题所有者认同经过重构的问题之前,在问题提供和挖掘方面有很多事情要做,这一步是一个反复进行的过程。
怎么样?
1. 作为一个团队,确定你得到了来自于问题所有者的足够信息,以便重构问题。
2. 每个小组成员分享他/她所相信的"真"问题,解释你为什么会这样认为。
3. 问题所有者要对每一个潜在的问题重构进行质疑、反思和/或仅仅是倾听。
4. 问题所有者需要确定他/她接下来要用哪一个理解——原始的还是其中一个经过重构的。

在所分配的时间结束之前,问题所有者要做的最后一件事情是决定他/她接下来要采取的行动,并且告诉小组成员。小组成员使用质疑性洞察、提供具有挑战性的假设以及提出精辟的重构,其意图是帮助问题所有者找到新的行动路径,而这些新路径如果没有小组和学习教练的进入和帮助的话,他/她可能永远也不会想到。问题所有者也可能会选择一些其他的替代性流程,我们将会在第 4 章中描述学习教练的作用时详细讨论。

当一个以小组课题为基础的项目与个人学习目标相结合时,达成个人目标所使用的流程与以个人问题为基础的项目中的达成方法相似,只需要留出一定的时间,将关注点转移到了个人学习目标上即可(例如,第 2 章中表 14 中的伯莱克斯项目既包括课题任务也包括个人学习目标)。当整个项目围绕个人问题展开时,参与者可能也会有个人的学习目标作为问题的补充。在这种情况下,选择个人学习目标将有助于个人问题的解决——正如第 2 章中全球制药组织技术高层的项目所示。两者的结合使得对学习的管理更加容易了。如果这样做不太可能,也可以单独为个人学习目标留出时间来。

参与者如何使用学习日志?

学习日志是一本书,它记录了个人在处理问题和经历项目过程中的想法和情绪、在反思机会中的反应以及对课题的想法。学习日志对于帮助参与者完成任务和学习来说是一个有用的工具。MiL 的典型做法是,在行动学习项目中,每位经理人有一本名为领导力的空白书,管理者必须写下他们自己的理论。他们应该根据自己的经验,以及从同事和相关主题的专家那里学来的东西,形成自己的领导力观点。

从小的方面来说,学习日志提供了对课题和小组工作的持续记录。从大的方面来说,它是一个帮助参与者从工作中进行学习的工具。当我们对于想法、意图和行动的意识得到提升之时,我们的理解力和学习也会相应提升。学习日志的使用,特别是对反思过程中的想法的记录,是我们停下来思考所做事情以便从行动中学习的机会。它记录的是有意义的事件,由此参与者或团队可以更有效地规划未来的活动。瑞林认为,日志记录着个人的反思,之后,我们可以在行动学习小组中公开地来检视它。

可以把学习日志看作是一个归集那些与已知观点背道而驰的信息和经验的平台。它还可以帮助参与者更深入地了解目前的推理和相关联的行为,或者促使他们思考在项目中所使用的新方法或新技能。

表32　如何使用学习日志

---

1. 记录你和你的团队对于反思性提问的反应

　　在和小组分享之前记录你自己的想法非常重要。这是开发自我能力、增加自我意识和提升对于小组中所发生事情的理解能力的一种方式。然后你可以更好地帮助到自己和小组。

2. 写下

- 任务本身,即"会议表明,我们不明白顾客想要什么。"
- 或人际关系或团队进程,即"我注意到,苏珊给乔反馈的方式特别有效,因为她……"
- 或作为一个学习者洞察自己,即"我意识到我喜欢通过探索和尝试的方式来学习,汤姆在准备采取行动之前喜欢彻底地对课题进行调研。"

3. 记录重要事件

　　确定你认为对你来说比较重要的经历。你不妨提前写下经历,以便更好地做规划,或在事情发生后,记下你发觉有意义的事件。

4. 为自己而写而非为自己的需求而写

　　不要为另一位读者而写,即使你可能会在与学习伙伴和小组一起回顾经历时用到你的日记。你只需要分享你想分享的那个部分。

5. 包括

- 发生了什么事,即"我试图做Y。"

(续表)

> * 你的评价和结论,即"你学到了什么"。
> * 任何将来会提升效益的步骤,即"下一次会议前,我要做个计划。"
> * 对行动结果的反思(这个行动是基于学习的结果而做出的)。
>
> **6. 使用您想使用的任何格式**
>
> 　　记日志可以用不同的方式。有些人喜欢以意识流的方式来写,有些人喜欢在一套一致的标题下记录他们的想法,有些人喜欢用图片或心智图。你不妨在日志的左、右两侧记录不同种类的信息,按最适合你的学习风格的方式来做。

行动学习项目成功/失败的其他因素有哪些?

　　由于人们在行动学习项目中解决的是实际问题,他们在组织中不可避免地会碰到一些做法和观点,这些做法和观点会对所面临的挑战产生影响,而且这些做法和观点并不是完全可控的。在项目的任务是系统性变革时,这种现象时有发生,但即使不是这类系统性变革的任务,参加者也不得不与组织中其他受到问题影响的人进行协商,需要联合他们,使得问题能够更有效地解决。因此,正如其他系统干预一样,为了使项目取得成功,需要考虑的因素很多。就像在本书前面所讨论过的,高层管理者的强大支持对于任何变革干预措施来说都是至关重要的。这一点,也是行动学习成功的关键因素。但还有一些因素,是只有在采用行动学习这种方式(特别是经验流派和批判性反思流派的行动学习方式)时才需要考虑的,因为这些项目会在系统中产生"噪音",在组织中引起"巨浪"。这些因素请见表33:项目成功或失败的几个因素。

表 33　项目成功或失败的几个因素

支持成功的因素	导致失败的因素
高管行为符合项目的愿景和价值观	高管没有承诺
信任而非恐惧的环境	不能容忍风险和错误
项目的协同设计包括人力资源、行动学习顾问和发起方,发起项目的业务单元认同项目的设计	并非所有的利益相关人都参与了项目的设计
参与者全程参与课题	有不连续、非全程参与的参与者
项目是大的战略变革的一部分	项目被视为昙花一现,也就是说,"这一切都会过去"
课题是组织重要的真实任务	项目被视为一项工作或对组织来说不具有重要性
学习教练的反馈对进程至关重要	文化不能容忍开放、诚实和具有挑战性的反馈
发起人对进程至关重要	发起人没有动机,不参与,不理解自己在这个过程中的角色
组织理解和预料到了项目会出现波浪式前进和不断变化的情况	组织只容许现状
参与者明白自己的角色,并且开放性地对待学习和用不同的方式进行思考	参与者没有做好充分的准备,或不支持学习和用不同方式进行思考,具有如下封闭的心智模式和陈述: "我们已经尝试过了。" "我知道如何解决它。同样的事情在5年前就发生过。" "这不是我的工作。" "我们不要情绪化。" "马上开始完成任务。" 团队动力的失调

英维思行动学习项目是整合这些关键因素的成功案例——"高层管理者符合项目的愿景和价值观"和"项目是一个大战略变革的一部分。"

英维思领导力在行动项目

文/凯特·霍普夫纳·卡勒　KHK 的人力资本咨询

英维思业务单元的每一位高级领导人都参加了参与者提名和选择的过程。业务领导拿到了一个简介,内容主要包括三个方面:业务目标、所用方法和途径、对来自于自己业务领域的参与者提供支持的要求。在第一届会议上,关键高层就对参与者非常认同,并把自己将来的参与情况明确了下来,因此,在与项目参与者的直接上级沟通时,他们强调了课题的关键性,鼓励每位经理在参与者完成目标的过程中要积极参与,并确保参与者可以将时间和精力投入到课题工作之中。我们也提出了一个战略性的学习干预措施,重点是让人们意识到学习与业务能力之间的联系,让参与者的经理们在后续的"领导力在行动"项目设计时有所建树。

根据经验,我们提供了一些我们认为在帮助行动学习项目取得成功方面的最佳做法。这些做法的总结以及它们在本书出现的章节,请见表 34,在行动学习项目中的成功做法。

学习教练会将我们在本章中所讨论的许多策略传授、支持并最终转移给参与者。为了更好地理解学习教练的角色,我们在下一章将会近距离地审视这个角色。

表 34　在行动学习项目中的成功做法

案例公司	高层支持	协同设计过程	发起人准备	参与者准备	问题提出/重构过程（APC）	个人问题/个人学习目标过程	质疑性洞见过程	反思	学习日志
伯莱克斯 Berlea CDP	第 2 章第 39,40 页	第 2 章第 39,40,42 页	第 3 章第 97 页	第 2 章第 54,55 页	第 2 章第 63 页	第 1 章第 30,31 页 第 2 章第 77 页 第 3 章第 120 页	第 1 章第 32 页	第 1 章第 32 页	
全球金融组织		第 3 章第 92 页	第 3 章第 96,99 页		第 2 章第 76 页				
全球制药组织					第 2 章第 76 页	第 2 章第 78 页 第 3 章第 87,88,120 页			
英维思 LIA	第 2 章 55—56 页 第 3 章 120,124 页	第 2 章第 55—56 页	第 2 章第 55—56 页 第 3 章第 98 页	第 2 章第 55,56 页 第 3 章第 100 页	第 2 章第 63 页				

（续表）

案例公司	高层支持	协同设计过程	发起人准备	参与者准备	问题提出/重构过程（APC）	个人问题/个人学习目标过程	质疑性洞见过程	反思	学习日志
辉瑞 PLP			第2章第58页						
PSE&G LIRW	第2章第43,44页	第2章第43,44页	第2章第58页	第2章第54,57页 第3章第99页	第2章第63页	第2章第68,69页			
退伍军人事务 ARP	第3章第90页							第3章第110,111页	
沃尔沃 VTMP	第2章第43页	第2章第40页	第3章第58,59页		第3章第112页		第3章第107页	第3章第108页	第3章第118页
VNU 开拓	第2章第42,43页	第2章第42,43,44页	第2章第58,59页		第2章第64,65页				

第4章

促进学习:行动学习教练的工作

"我从来不教我的学生,我只是努力为他们提供学习的
条件。"

——爱因斯坦

"他说,到悬崖边上来。他们说,我们害怕。他说,到悬崖
边上来。他们过来了。他推他们……他们飞起来了。"

——纪尧姆·阿波利奈尔(Guillaume Apollinaire)

影响学习教练这个角色的因素有很多,其中最重要的因素是
内在因素,包括:教练的背景、价值观和态度。我们可以用比喻的
方式来表述这些影响,从而反映学习教练所持的信念系统,正是这
个信念系统,塑造了他/她的工作(表35)。

表35 关于学习教练的比喻

比喻	描述	引语
激进者(The Radical)	教练授权参与者并利用授权去质疑和挑战权威。	"当小组显示出反对权威的勇气时,说明有效果了,当我看到大家有勇气标新立异时,效果就会更好。"

（续表）

比喻	描述	引语
自我奉献者(Consecrated Self)	教练将自己的需求放在小组的需求之下,对他/她的工作有奉献精神。	"他谈到在宽松的环境中工作……我们是寻求服务机会的服务员。"
潜水者(Deep Diver)	教练把自己的工作描述为:更深层次地进入小组,促进更深层次的学习。	"……第一个层次是任务本身,下面是任务的过程……然后是小组的过程……然后第四层……学习的过程。"
嫡传者(The Legitimizer)	教练相信,他/她的主要职责之一就是"在那里",帮助人们创造一个可以自由学习的环境。	"你表现出对整个小组的关注,然后就在那里听着和看着小组的一切,这就足够了。"
智者(The sage)	教练能够借鉴自己的经验,与自己的心灵产生联接,并通过发现他/她未知的世界进入谦逊的圣洁世界。	"我们的智者远离小组成员……他把自己想成另外一个人。这种思维方式可以帮助我们的智者完全沉浸在过程之中……这样,他让自己显得很无知……"
向导（The Wizard)	像传说中的梅林一样,教练指出无意识的矛盾,支持人们有勇气面对这种矛盾,当事情出现差错时他就会出现,构建了一个使学习在其中得以发生的领域。	"梅林是一个原型……他独自开辟了一个周围的人未知的维度……因此,他成为一个指南、一个监护人和一个与精神境界链接的纽带……"
本尼迪克特和耶稣（The Benedictine and the Jesuit)	根据宗教的秩序,教练需要为学习创造一个可接受的、支持性的学习环境(本尼迪克特),但又需要面对学员,帮助他们突破认识的天花板(耶稣)。	"(本尼迪克特)让顾问鼓励成员互相给予支持,特别是急需的情感上的支持……只有(耶稣)让顾问有勇气和技能来激化选择,并告诉高管应该在哪里深挖,如果他要开始这个痛苦的学习过程的话……"
神秘制造者(Mystery Maker)	这是很多教练努力避免且最经常遭到批评的角色——教练使他/她所做的事情充满神秘感,并通过这种神秘感使小组关注自己及自己所知道的事情。教练"窃取"了小组的学习机会。	"你要小心并克制。要知道自己在制造一个任自己横行的讲坛,背离了智者的身份。"

本章的其他主题还包括:各流派怎样看待学习教练这个角色;为了匹配组织的需求,学习教练如何根据协同设计进行调整;学习教练的责任,包括在过程中为小组提供帮助并创建学习环境;教练之间如何协同工作;最后是如何培养学习教练。

四个流派如何看待学习教练这个角色?

理想的状况是,根据每一个行动学习(AL)项目的设计,来决定学习教练这个角色如何最好地满足某个特定组织的需求。然而,对于学习教练这个角色来说,也有一些可以在各流派中都可以应用的普遍规律。

在许多绩效流派的项目中,没有学习教练这个角色,因为这个流派的假设是:只要精心挑选的参与者共同努力,学习就会发生,组织内外的专家会提供一些团队建设活动和信息。如果项目中使用学习教练,他们经常会通过干预和团队建设的方式来帮助小组开发小组流程,目标通常是加速对于公司和课题的学习。

在科学流派的历史中,瑞文斯起初表达了对专家和引导者的担忧。他说,专家对了解行动学习的人可以起到一定的帮助作用,但"不应该作为'小组顾问'(学习教练)……或其他专家出现,以确保参与者能够通过相互支持的方式引入一些自发改善工作的尝试"。

然而,瑞文斯对小组顾问和小组发起人这两个角色进行了区分。他说,考虑到效益以及管理时间的节省,在小组成立之初"需要一个外部角色,帮助小组通过有序的辩论来建立最初的信任和凝聚力;这种催化剂的引入可以加速小组的融合,但在早期,必须保证这个角色的独立性"。因此,科学流派理念基于"偷走学习"的考虑在反对持续使用学习教练角色的同时,的确也看到了在行动学习项目启动之时,需要有一个角色来创建一个支持探询和学习的环境。

学习教练通常是经验流派的协同设计中不可分割的组成部分,这个角色在整个学习周期内为小组的学习提供支持,他不仅要关注小组流程还要关注学习,他不同于传统的管理培训师,学习教练不是"教",而是提供一个条件,让行动学习参与者在这个条件下能够从课题中学习,以及从彼此身上相互学习。学习教练主要使用提问的方式与小组一起工作,并通过这种方式向小组进行质疑性洞察的示范。反思对于确保通过真实的项目经历进行学习也很关键,这种学习必须是明确而有计划的,而非飘忽不定和三心二意。

和科学流派一样,经验流派认为学习教练在开始时的作用特别重要。在一些情况下,学习教练会成功地将技能转移给参与者,这样他/她就会逐步退出项目。当小组有几位有经验的行动学习参与者,他们全程参与了之前的某个项目,或者当参与者"具有对于小组流程和学习成果的意识和关注",并有能力处理由此产生的问题时,这种情况发生的可能性会更大。

由于批判性反思流派项目中的反思超越了经验流派项目中反思的类型,学习教练在创造批判性反思机会和促进潜在的质变学习中扮演着重要角色。由于学习教练不是小组成员,且通常来自于企业外部,他/她可以自由地从一个局外人的角度来提出问题,因为他/她没有被该组织的习俗和规范所熏染,不会受政治问题的制约。

当约克斯、奥尼尔、马席克、尼尔森和科劳德尼研究格蕾斯可可的批判性反思流派行动学习项目时，他们发现观察研究员这个角色在许多方面与学习教练角色非常相似。他们把这个角色描述为"复杂的野蛮人（sophisticated barbarian）"，他/她具有局外人的天性，目的是通过新颖的视角来观察情况，然后根据观察提出批判性的问题，从而帮助参与者对认识进行重构。

除了在经验流派中所发挥的作用之外，批判性反思流派中的学习教练还可以为小组提供如下帮助：

☐ 如何构建、重构课题/问题，或为课题/问题的构建提供替代性方案（因为复杂问题很少像它们最初看起来的样子）

☐ 如何识别、澄清和测试参与者对于课题/问题的个人见解和理论

☐ 如何反思课题/问题构建、测试和解决的方式

不同流派中，学习教练与小组互动的方式有何不同？

对于学习教练的工作并没有一个标准的规定，他/她在给定的情境下与小组互动的方式受到许多因素的影响。在本章的一开始，我们看到了一些实战派学习教练对于学习教练与小组互动的一些比喻。关于行动学习中学习是如何发生的，各流派的行动学习教练观点不尽相同，这也会影响到教练与小组的互动方式。除了这些内部影响之外，也有一些外部影响，这些外部影响可能会影响到项目的长度和发起人的角色定位。在讨论外部影响因素可能造成的影响之前，我们一起来看一个小组情境（表 36）的案例，并看一下不同流派的教练如何为小组提供支持（表 37）。

表36   高级经理与项目小组的第一次会面

背景:一家大型高科技公司要求经理和主管团队完成一个新课题,通过授权和自我指导式的工作小组来实现质量和成本的改善。高级经理负责确定小组成员,是课题的发起人。小组成员需要从课题中学习到尽可能多的东西,要采取行动解决出现的问题,并对组织未来应该做什么提出自己的建议。项目启动已经6个月了。每一次会议前,小组都会邀请该高级经理参加,但是这是他们第一次与其会面。

想法和感受	所说的话
哇,他终于来参加会议了。每一次会议我们都会邀请他参加。对于这次会议,大家真的很紧张。	领队(对高级经理):小组决定,我们的目标是帮助每个人确定如何消除所在领域的非增值性工作。每个人都会提出一个个人课题,并在明年实施。小组是课题改善的传声筒,帮助我们向前迈进,并采取下一步的步骤……
什么! 在项目启动6个月之后,你终于来参加会议了,而且不喜欢我们所做的事情?	高级经理:这是行不通的。你应该制定一个精确的质量改进计划来削减成本。我们并不需要传声筒。
我们应该知道。这是他对小组进行授权的真正意图。	领队:我们被告知你给我们授权了,而且可以确定自己的工作任务。那么,你给了我们什么呢?
哦,太棒了,我们想要得到,所以现在我们得到了。	高级经理:你请我来参加这次会议,来听取进度报告,我在告诉你我认为你们做了些什么。
你一直在阻碍我们——你期望我们一事无成吗?	领队:好吧,小组成员已经尽了最大的努力,每次都会变更会议的时间。你不断增加人,把人换到不同的工作岗位……
你能相信这家伙吗?	高级经理:这就是现状。小组应该学习如何处理小组成员的变化,人们就是会流动或降职。
决不	领队:我们需要讨论一下,我们会尽快带着小组目标来找您的。

表 37　行动学习的不同流派对于虚拟案例的回应

比较点	绩效流派	科学流派	经验流派	批判性反思流派
学习教练如何看待这次遭遇	更好理解企业文化的机会	情境分析的有利时机	从错误中学习的机会，发展个人的技能	关注个人和系统的深层次的价值观和信念
在小组会议前对小组的干预	帮助小组对即将到来的互动进行角色扮演	对小组所采取步骤的进行反思，建议小组成员关注差距或需要的数据	反思情境；鼓励用行动来检测对经理人的理解；计划和角色扮演	帮助探索组织的假设；鼓励对于授权的质疑；计划和角色扮演
在小组会议中对小组的干预	询问经理的期望，以帮助小组达成这个成果	1）没有干预 2）请经理加入到小组的情境分析中	1）没有干预 2）要求每个人一起思考所处的情境以便从中学习	1）没有干预 2）把难题放在桌面上；对系统提出质疑；分享观点
在小组会议后对小组和/或系统的干预	帮助小组寻找满足高级经理期望的方式	重构问题，从学习的角度考虑接下来的数据收集工作	检视行为和含义，以便促进个人成长和对系统的理解；重构问题，下一步	分析形成小组行为和系统性文化的力量的数据；重构问题，下一步

　　我们从对"到目前为止会发生什么"的思考开始分析。对于小组课题的项目，绩效流派的学习教练可能会提供关于组织文化的演讲和练习，从而给小组提供一些信息。他们会对关注团队建设的关注，帮助小组在符合文化理念的范围内有效运作。其他三个流派的学习教练可能会创造学习的情境，在其中，团队既要关注任务的完成，又更关注小组工作的流程。因为，任务是小组自身的，小组需要用这个流程来提出好建议，该建议处理的又是团队互动问题，如果小组自身运作得不好，任何建议都将失去可信性。

　　基于各流派的学习理念，也就是说，它们对于学习发生方式的看法，学习教练可以根据流派的不同来调整其做法，如表37中行动学习不同流派对于虚拟案例的回应。绩效流派的教练可能想帮助小组更好地理解高级管理人员和组织的期望。科学流派的教练可能会鼓励小组从系统的 α、β 和 γ 的角度，即从科学的角度来思考所遇到的问题；经验流派的教练可能会关注一些个人发展方面，以及个人在互动中如何完成个人发展的问题。除个人方面之外，批判性反思流派的教练可能会建议小组研究那些对课题造成影响的组织的深层次问题。

谈到外部影响，对学习教练的工作影响较大的是项目长度。项目有一个较长的时间跨度非常重要，原因有三个方面：首先，能够有时间采取行动，而采取行动对于行动学习来说非常重要。其次，既然大多数教练会将他们的技能转移到小组中，而且可能会在最后退出小组，较长的时间对于达成这个目标非常必要。第三，随着时间的推移，人们可以建立深厚的信任，往往能够彼此给予和接受更坦率、诚实的反馈，以便从中学习。

时间也会限制学习教练采取的工作方式。在组织中，时间成本不断增加，学习教练的工作会因此受到影响，正如奥尼尔的调查所显示，教练最终的工作方式往往不是教练的首选方式。"如果我所工作的项目只有很短的时间，我会往前迈一步，这可能看起来像'偷窃学习'"。

正如在第3章中所讨论的，学习教练的作用包括与发起人，特别是那些在协同设计中参与小组课题选择的发起人进行互动。当发起人参与项目时，他们在小组中的出现有时是积极的，有时是消极的，往往会影响到学习教练与小组及发起人本人之间的互动。发起人的影响如下所示：

如果你与发起人的关系处到了你可以挑战他、可以进行干预、他会亲自参与的地步,这是非常好的。另一种情况是,你努力与发起人搞好关系,但发起人并不理会,但还是下命令要完成工作,但你可以尽可能尝试。这样的发起人可以挑战团队,可以激励团队,可以帮助团队认识到"为什么他没有兴趣? 他为什么要担任发起人的工作。是啊,这是问题的一部分。他为什么要担任呢?"他们(小组)不得不成为问题的组成部分。

学习教练在小组中做些什么?

学习教练可以采取多种干预措施来帮助小组。我们所讨论的许多干预措施,旨在帮助参与者和小组以最符合科学、经验和批判性反思流派的学习理念进行学习。一些学习教练的干预做法类似于流程顾问的工作,或者以流程顾问的工作为基础,即发挥着帮助小组提高互动水平的作用。然而,他们所做的很多工作超越了流程顾问的层面,深入到了学习的层面。表 38:流程顾问和学习教练之间的差异,说明了流程顾问与学习教练之间的区别。

表 38　流程顾问和学习教练之间的差异

流程顾问	学习教练
问题出现时就进行干预	允许问题持续一段时间以便于学习的发生
改进小组互动	帮助小组改变互动的方式
帮助发现或提供正确答案	帮助小组提出好问题
诊断问题	帮助小组学习,对问题的诊断进行反思
帮助改进流程和任务	帮助小组学习如何学习
推荐所需的培训	提供及时性学习

(续表)

流程顾问	学习教练
帮助小组在现有状态下达到最好	帮助小组改变现在状态
支持单环学习	支持单环和双环学习

　　为了达到更深层次的学习水平,学习教练尝试创建学习的环境,而不是把自己当做教师的色色。他们尝试创建这些情境的方法有很多。表39说明了教练创建这些情境的一些方式。

表39　创建学习情境

情境	行动学习干预
创建学习的环境	强调保密 创建支持性的环境
对学习的特定干预	质疑反思 批判性反思 程序化知识和及时性学习 使工作可视化 帮助小组进行不同方式的思考 挑战小组
学习的转化技能	帮助参与者彼此给予和接受帮助和反馈 帮助学习如何进行质变学习 什么也不说,隐身

　　学习发生之前,学习教练创造这样一种环境非常必要:在其中,参与者之间有充分的信任,他们感到自己能够承受质疑自己和其他小组成员所带来的风险,并致力于反思和挑战组织。在拉姆关于沃尔沃卡车项目的研究中,参与者描述了一个开放、信任和支持性的项目环境,在其中,参与者团结在一起,并成为了朋友,当其中一个项目要素需要质变学习时,他们对于分享个人经验和提供反馈感到安全。她指出,在该项目中,学习教练的关键作用之一就

是创造这种环境。此外,在非正式的时间,大家一起在酒吧饮酒、共餐、旅行等,也有助于促进这种项目环境的形成。

学习教练应对小组和项目过程中所发生的事情保密,例如参与者说了什么、个人学习目标的内容、参与者对任务和目标的感觉、参与者想要采取的行动等,这些对于建立一个信任和学习的环境来说也至关重要。保密性是许多学习教练与团队签约的一个要素。

学习教练一般与团队缔约时要澄清他们的角色,并帮助小组理解学习发生的过程。当然保密是小组和学习教练需要共同做到的,签约流程请见表 40。

表 40　签约

什么?
　　当小组成员和教练共同工作时,要建立对于二者角色的期望
为什么?
　　建立期望能够避免混乱,并能使未说出的期望明确化
怎么样?
　　学习教练:
- 解释缔约的合理性
- 需要小组成员的参与
- 提供关于他/她认为学习教练的作用是什么以及小组如何互动的案例
- 在画架上记录想法
- 对协议进行检查
- 达成最终协议

签约/建立基本规则的要素:
- 在小组会议时我们共同工作的基本规则是什么?
- 在一些进展顺利的小组/会议上发生过什么?
- 在一些进展不顺利的小组/会议上发生过什么?
- 对小组及对学习教练的期望是什么?

创造支持性的环境这项工作从小组组建的一开始就要进行,并且贯穿于整个项目过程之中。不管是在教练和参与者之间,还是在参与者本身之间,都需要建立信任并且不断强化。建立信任

的方式之一是彼此透露一些自己的事情,这可以通过各种流程或练习来达到。一些简单而有效的练习请见表 41:关键事件介绍。

表 41　关键事件介绍

在黑板或翻纸板上写下下列问题:

是什么造就了现在的你?(What formed you?)

哪些关键事件让你达到了今天的状况?

什么有助于你成为今天的你?
- 家族血统
- 目前家庭
- 学校教育
- 工作经验
- 社会因素

　　让小组用 5—10 分钟的时间进行反思,并在日志上写下问题的答案。根据练习的时间,你可以建议参与者集中在一个或两个关键事件领域。让每位参与者和小组一起分享答案。学习教练也应该参加进来。如果是 6 人小组,可以用 1—1.5 个小时来完成这个练习。

　　创建必要的环境这项工作一旦开始,学习教练就要寻找机会来持续创建这种环境,以便学习有可能在其中发生,所用的方式有:质疑小组、使用反思和批判性反思、使用"P"学习或及时学习、使小组的工作"可视化"、创造帮助小组从不同的视角思考其任务、使用挑战小组的流程等。

　　在第 3 章中,我们讨论了提问和质疑性洞察。提问是学习教练最常用的干预措施之一。学习教练所问的问题必须是支持性的和挑战性的问题。他们需要真正的提问,而不是把意见包装成一个提问,并需要设法帮助参与者用全新的方式进行思考,在批判性反思流派的项目中更是如此。通过提出好问题的方式,学习教练也在向参与者演示他/她想要转移给参与者的、在行动学习项目期间以及回到工作岗位上都会使用到的行为。

第 3 章还讨论了反思与批判性反思。反思可以提前进行规划,也可以在小组出现困难或"卡住"时使用。在很多情况下,教练经常使用提问的方式帮助小组通过反思进行学习。支持性环境的建立有助于学习教练使用批判性反思。在这样的环境中,参与者会比较放松地检视其信念、经验和思维模式,而且可以将其行动和想法的"想当然"的思维模式进行"曝光"。拉姆向我们介绍了在沃尔沃卡车项目中,教练是如何使用提问、反思和批判性反思的。

沃尔沃卡车管理项目

沙龙·拉姆-哈特曼博士　Inside Out Learning 公司首席执行官

MiL 或 LIM 的学习教练帮助每个小组从行动中学习,并在行动与反思之间取得平衡。学习教练在流程催化、个人和小组教练方面非常内行。他们支持围绕业务流程进行学习,应用即时学习教学方式,并不断挑战参与者的心智模式和工作方式。学习教练促使参与者对自我、领导力、小组、公司/业务问题进行反思。小组往往先对学习教练提出的问题进行回应,然后讨论他们的反思。此外,教练在"反思时间"里使用测试、练习及相关理论,对小组和个人在自我、小组、业务和领导力方面的学习进行质疑、挑战或支持。

学习教练是最大化地发挥质变学习潜力的重要组成部分。虽然(参与者)并没有具体提到学习教练是促进质变学习的重要条件,但学习教练催化过的许多活动都提到了这一点(即反思时间)。由此可以确认,学习教练发挥了他们的作用。好的学习教练会使自己看起来是无形的,会创建一个学习环境,使得学习来自于学员自身。

在第 2 章中,我们看到了各种各样的"P"或程序化学习,如演讲、练习、课堂培训等,这些是项目协同设计的一部分。即时学习则不同,它也可以是一个小型的演示、练习或就业援助,但学习教练会在最关键的时间点上向小组提供帮助。所以每个小组的即时学习都会有所不同,而且一些课程在某个小组中可能根本不会用到。许多及时性学习的选择是以项目的协同设计为基础的,但由于行动学习的不确定性,教练需要做好应对任何可能事件的准备。

很多时候,教练会问小组成员,他们是否对帮助其解决目前的困境或问题的工具感兴趣。如果小组认为不需要,他们会在没有教练帮助的情况下继续前进。还有一种情形就是,教练发现了问题,询问是否有小组成员可以提供帮助,通过这种方式来持续转移学习教练的技能。

在项目中,在小组首次到达需要做出决定的时间点时,经常会出现及时学习的机会。有时,参与者并没有认识到他们处于这一点上,所以学习教练可能需要通过提问来帮助这个局势"可视化"。例如,"关于这个问题,你们已经讨论了相当长一段时间了,为什么还在寻求共识呢(Why do you keep going over the same ground?)"由于大多数组员事先不了解决策流程,一旦小组觉得需要做出决定了,教练可以给组员提供一个在行动学习项目中行之有效的流程。这样的流程请见表 42:寻求共识——手指表决法。

表 42 寻求共识——手指表决法

什么?
举手(Fist Five):检验共识的工具
举手是检验共识的一种方法,成员用这种可视化的方法来表示他们对某个决定的同意程度。不同的手势代表不同的立场。

（续表）

为什么？
用这种可视化的方法来检测达成共识的程度，每个人可以看到其他人对于决定的立场。然后小组领导可以带领组员交换看法，对未覆盖到的新信息提出期望、达成共识或者做出不同的和更好的决策。

怎么样？	
小组成员举手表示下列立场：	
拳头	我坚决不同意这个决定； 我要阻止这个决定或离开小组。
一个手指	我还能忍受这个决定； 我不喜欢它，但不会阻止它。
二个手指	这个决定不会让我兴奋起来； 我会做一些工作来支持它。
三个手指	我认为这个决定还不错； 我会参与。
四个手指	我认为这个决定很好； 我会努力支持它。
五个手指	我认为这个决定太好了； 如果这个决定不能通过，我会离开小组。

　　使小组工作"可视化"可以促进学习，因为参与者可以意识到他们没有看到的或只用一种方式看到的事情。这使得小组更容易跟上任务的焦点，并且不会意识到小组流程的动态。在这种状况下，学习教练可以试着用不同的方法使团队工作"可视化"。有些人可能会使用上面提到过的案例。其他人会根据他们的背景或理念使用其他类型的干预措施，如角色扮演或图表说明等。在奥尼尔的研究中，一位教练描述了她的干预手段：

　　我说，我现在看到了很多。你们想知道我看到了什么吗？

　　如果他们同意，我说，我会说一些你们没有意识到的事情。然后，你们不得不说没有、没有，没有发生过这样的事情。如果你想看，就可以看到我所说的东西。后来我告诉他们，这是一种指导，因为我拿出了一些他们知道自己做了，但认为没有人看见的东西。

尤其是在批判性反思流派中，学习教练寻找机会帮助参与者从不同的角度进行思考非常重要。在第 3 章中，我们介绍了可用于这一目的的各种流程。下面是我们常用的另外两个流程。当协同设计的是个人问题或个人的学习目标时，在项目进程中小组所用的一个流程被称为"不引人注意的观察者（Fly on the Wall）"（表 43）。这个流程可以用于提出问题、做出假设以及重构问题或个人学习目标。在小组课题项目中，小组可能会在使用相同和/或非系统的文化视角来看待自己的项目时被卡住，我们用一种被称为"造龙"（表 44）的练习来设法帮助参与者打破这种心态，还有许多其他的练习或创造性思维的方法也很有用。

表 43   不引人注意的观察者（Fly on the Wall）

　　小组成员向其他人介绍的内容是，自上次谈到问题/个人学习目标以来，他/她所采取的行动、行动的结果、目前对问题/个人学习目标的思考和其他相关的信息。基于这些介绍，小组可以先用较短的时间进行提问，以澄清和更好地理解问题。

　　这段时间很短暂，之后，小组成员继续就他们所听到的内容进行交谈，就像提出这个问题/个人学习目标的人不存在一样（他/她可能是"不引人注意的观察者"，只是倾听和记笔记）。谈话既要具有支持性，又要具有挑战性。团队应该像问题/个人学习目标的提出者不在现场一样进行说话。要作出陈述，并要从各种视角来提出问题，以继续帮助问题/个人学习目标的提出者思考所遇到的情境。

　　谈话之后，问题/个人学习目标的提出者被邀请进入谈话之中进行回应、澄清和讨论。基于这种互动，团队请问题/个人学习目标的提出者确定他/她将要采取的行动。

表 44 "造龙"创新思维训练法

看到相互之间的关系和模式,使陌生的东西组合起来并产生连接的能力,是用不同的方式进行思考的基础,也是形成理论化和系统化思考的一种方式。用这个练习发展该项能力,就是要用不同方式把乍看起来似乎毫无关系的事情连接起来。

例如:你可以在下面的每两个事情之间找到什么连接:

牛蛙和互联网?

青蛙的脚有蹼,互联网可以让你链接到万维网。

东方地毯和心理学?

东方地毯有复杂的重复性的图案,心理学也是如此。

明白了吗? 尝试为下面的每一组找到三或四个连接。

橡树叶和人类的手

豪猪和电脑

武士和棋类游戏

哥士维的"蓝色狂想曲"和雨

杂耍和你的职业

全球经济和 Portobello 蘑菇

对小组面临的挑战,往往可以让参与者从不同的方面进行思考,但这个过程因人而异,因为教练要推动团队更深层次地看待他们的思考进程,而不是他们所习惯的看问题方式。实施这种干预的方式之一是使用来自于行动科学的工具。退伍军人事务项目中的学习教练在小组工作中就使用了一些这样的工具。

美国退伍军人事务部的行动研究项目团队

文/珍妮特·里德-赫克托和莱尔·约克斯

学习教练介绍了几个学习的做法,包括反思和对话、右手-左手栏讨论,推论阶梯和学习窗,这些都是使小组的经历和个人所持有的假设浮现出来,并对其进行反思的方法。

在参加第一次课题小组会议时,学习教练简要介绍了流程催化和学习教练角色的区别。然后,他与小组签订合约,以便观察会议并在他认为有益时提出学习建议。会议进行了约一个小时后,小组似乎一直在主题之间徘徊而没有聚焦。他向小组提出是否可以提供一些学习建议。他介绍了左栏的概念和停止、反思、对话的流程,要求小组成员花几分钟静静地反思和注意他们所想的和所说的。然后,没有讨论,回到桌前,每个人分享他/她的左手栏以及他们认为小组下一步应该做些什么,结果达成了高层次的共识,会议也获得了聚焦。其他干预措施也被用在了项目中,包括在会议结束时的最后反思。

我们从欣赏式探询(advocacy with inquiry)这一概念中发现了一个特别有用的工具,我们把这个工具称为 TALK 模型(表 45),我们帮助参与者学会如何在有特别困难的谈话时使用它,这种谈话与课题相关,既可能发生在小组中,也可能会发生在组织中。

表 45　欣赏式探询 TALK 模型

什么? 一个帮助你进行一对一沟通的方法 • 意识到你的思维和推理 • 让你的思维和推理对他人来说可视化 • 询问他人的思维和推理 也是一种帮助你区分对于实际发生的事情所做的假设和推理的方法 **为什么?** • 谈话的结果对你来说非常重要 • 你想确保他人清楚地理解你,并且你清楚地理解了他人 • 过去,你对于这个课题的沟通有困难 **怎么做?** Tell——告诉别人你从一开始就持有的想法。 　——用那些你直接看到或听到的、让你得出结论的案例,来说明你对于情境的假设。

Ask——问他/她对于情境是否有相同的解释。
　　——如果没有,请其解释他/她对于情境的观点。
Listen——聆听他/她的回应。
　　——要倾听哪些内容得到了理解,检查这些理解是否正确,探索差异,并根据对于情境所理解的共同意义达成共识。
Keep——对他人的意见保持开放心态。
　　——为了使谈话富有成效,所有各方都必须承认,对于情境的解释只有一个,因此,共享的精髓只能来自于我们对于各种见解的接纳与包容。

　　正如我们在本章中多次提到的,作为工作的一部分,大多数学习教练试图向参与者转移自己的技能,以使自己最终能够从这项工作中脱身。参与者有效学习学习教练技能的方式已在第 3 章关于个人问题的行动学习项目中讨论过,这个方式既可以用在问题上,也可以用在个人学习目标上。由于学习教练和参与者都要参与这一过程,参与者可以在教练提出好问题、提供和挑战假设、重构问题或目标的过程中学习和模仿教练的技能。

　　此外,在许多行动学习项目中,我们建议反馈会议应该作为协同设计的组成部分,因此,参与者既可以从教练处学习,也可以互相学习。教练参加这些会议并提供和接受反馈,以便于能示范流程中的这两个部分。反馈和练习指南请见表 46 和 47。

表 46　良好的反馈原则

　　反馈是一种帮助他人思考如何改变其行为的方式,是一种向个人(或小组)提供信息的沟通,这种信息是关于个人(或小组)对他人所造成的影响。就像在导弹系统中一样,反馈有助于个人保持达成目标的行为,从而更好地实现目标。

　　有效反馈的一些准则是:
　　• 描述而非评价。通过描述一个人自己的反应,让他来选择是否使用她/他认为合适的内容。避免评价性语言,减少个人防卫。
　　• 具体而非一般。说一个人强势,不如说:"刚才在我们决定问题时,你没有听别人是怎么说的,我觉得我要被迫接受你的观点或面对来自于你的攻击。"

（续表）

> • 直接指向可变的行为。当一再提醒一个人他/她无法控制的缺点时,会增加挫败感。
> • 征求而非强加。当接受者已经构想出了他/她看起来可以回答的问题时,反馈是最有效的。
> • 恰到好处。在一般情况下,在行为发生的早期阶段,反馈最有效(当然这取决于这个人对于反馈的准备度和其他人所能够提供的支持程度等)。

表47   有效给予和接受反馈的练习

> 每个参与者都要为小组中的每个人提供个人反馈。这是正式讨论共同工作经历的主要机会。良好的反馈需要一些时间做准备,我们希望在准备前给你提供一些信息,便于提前准备。
>
> 当你准备给小组成员反馈时,请回顾一下标准。为了与标准统一,你可以使用自己的学习日志,找一下关于这个人的具体的行为案例。尽量提供自项目开始以来对他/她的行为的反馈,而不只是最近发生的。
> 为了给整个团队提供一致的反馈,你为每个人所准备的反馈要能回答下列问题:
> "你做了什么对我有帮助的事情?"
> 或者
> "我最欣赏的是什么?"
> "你应该多做些什么?"
> "你应该少做些什么?"
> 例如:"感谢你在会议上展现了领导力。在第一届会议上,在我们进入角色之前,你帮助我们设置议程,使我们能够根据行动项目开展工作,这样,我们几乎没有浪费时间。你的以行动为导向的态度一直在帮助着我们。然而,你要确保自己不要让这种态度太强势。作为领导者,你经常不能确保别人在思考中是否已经做好了前进的准备。我喜欢你偶尔写的搞笑的电子邮件,这些邮件帮助小组化解了紧张。请继续使用你的幽默感。"

学习教练希望参与者学会的另一项重要技能是,如何将项目中的所学转移到工作或生活中。许多协同设计,已经包括了一定程度的转移元素,学习教练要帮助人们强化这些元素。例如:

☐ 将一般原则与最好的学习时机(由教练所示范的即时学习)的概念结合起来,显示出原则与小组经验是如何产生明确联系的。

☐ 在反思期间,教练可以提请参与者注意,小组目前的问题在原理上与早期的经历和组织所遇到的问题之间的相似之处。

□ 通过行动学习会议时间的间隔,参与者可以在工作中尝试新的行为。教练和小组可以讨论和质疑这些行为,以强化行为的转化。

英维思项目中的学习教练尝试在与小组共同工作时建立这种学习的情境。

英维思领导力在行动

凯特·霍普夫纳·卡勒　KHK人力资本咨询

在项目期间,每个小组都被指派了学习教练,教练的作用是:

□ 与学习发展副总裁联合设计项目

□ 开发和传授设计中推荐的"P"学习

□ 在正式会议及在会议之间提供团队和个人教练

□ 提供批判性反思的机会

□ 在发展和达成个人的学习目标过程中向参与者提供支持

□ 团队评价和反馈

□ 确定帮助项目小组工作的工具

教练提供的下列工作对参与者非常宝贵:

□ 批判性质疑

□ 技能发展、及时学习

□ 个人观察和教练

□ 团队评估和指导

□ 发起人支持

正如前面在拉姆的案例中所提到的,"一个好的学习教练是无形的,他要创建一个学习来自于学员自身的学习环境。""什么也没说、无形的"这个概念可以通过多种方式表现出来,包括退到后面,通过让小组从自己的错误中学习和让他们自己找到好的答案方式来帮助小组成长。"学习教练让他们(小组成员)惹上麻烦,甚至让他们在麻烦中停留一会儿"。在这种情况下,教练希望小组学会如何识别过程中的问题或者如何停下来进行反思以理清头绪。这并不像听起来那么容易,即使教练这个角色早就得到了确认并已经签了约。小组可能会给教练施加压力,让他充当"专家角色",而不是来帮助他们通过自己的经验进行学习和从自己的经验中学习的。人们从反馈的试验和错误中会学得更好。正如一位教练所说的那样,"你必需习惯于人们会产生抱怨这个事实,他们会抱怨,'为什么你不在 3 个小时前说这些呢?'"

因此,在某些情况下,教练决定什么也不做,以便于让小组自己理出头绪。例如,当学习教练明确决定不干预,看一看小组是否能够应对一位参与者的侵略性行为时,这个原则得到了实施。"他们觉得很奇怪,那个坐在那里被认为是个专家的人,却不做任何实际的事情。"

如何与其他学习教练协同工作?

学习教练大多单独工作,所以缺乏与其他学习教练合作的经验。即使那些与其他教练合作的项目中工作过的教练,也几乎没有与其他教练彼此互动的机会,因为他们的关注点、时间、主要的互动都在小组上。然而在本书所讨论的许多项目中会有教练的合作,那么,他们是如何互动的呢?

　　VNU 的开拓项目说明了学习教练这一角色如何根据项目的需求灵活调整。在项目中,我们提出了一个被称为"合作教练"的方法,使我们能够在小组之间轮换,并让内部教练和项目经理熟悉所有参与者,当他和某个小组在一起时,不会发生不认识的现象。

　　由于学习教练与小组在一起时所做的工作通常是保密的,在分享使我们能够轮换而不影响小组工作的必要信息前,我们需要先征得三个小组的许可。通过对所共享的笔记的持续分析,我们能够利用小组反思的结果,更好地了解不同小组的挣扎和成功。

VNU 的拓展项目

文/霍利·奥格雷迪　　VNU

　　在第一个项目期间,我和外部教练每人有一个小组,我招募到了第三个内部教练,一个才华横溢的人力资源通才。当我开始为下一个项目制订计划时,我面临着几个问题。我意识到,总是与一个小组紧密合作,我没有太多机会了解其他小组的参与者。另外,我在内部招募了一个教练。由于不断变化的业务需求,那些原来感兴趣的人已经参与到了其他的新项目中了。

　　由于这些变化,我们提出了一个在三个小组间轮流进行"合作教练"的方式。为了实现这个合作流程,我们需要重新设计首次的面对面会议,以便于在小组虚拟会议开始之前,我们能够和所有的小组一起工作。在轮换过程中,小组也习惯了我们的风格。小组开会前,我们为彼此做好笔记。一般来说,笔记包括小组讨论中的角色、会议是如何运行的、决定是如何做出来的(或没有做出来)等内容,最重要的是,小组在电话会议结束时的反思。虽然我们事前没有约定记录信息的方法，我们仍然能够捕捉到每次通话中的关键事件，这些事件使我们在小组间转换时能够建立起连续性。我们也让小组知道我们会交换笔记，这样，当新的学习教练加入电话会议时，他们就不会走回头路了。

回顾我们第一次"合作教练"的过程，反思的利用成了我们了解小组课题进展情况的一个非常重要的指标。早期，我们发现，一个小组由于个性和时间管理技能的原因遇到了一些挑战。相对于其他两个小组来说，我们注意到这个小组在反思过程中遇到了困难。该组的进程也存在着一些阻力，但更多的时候，会议运行管理的不善常常会导致他们干脆放弃集体反思。相比之下，其他两个小组不用学习教练的推动就能采用反思的做法，并把这个工具当成了改善工作方式和提升对项目的理解程度的有效方式。

我们利用文档能够分析出导致小组遇到挑战的一些因素。得益于所做的笔记和随后的讨论，当第三个项目的新小组出现一些迹象，而这些迹象曾在第二个项目中具有较多挑战性的那个小组出现过时，我们成功地进行了干预。此外，为了鼓励小组更投入地进行反思，我们捕捉到了一些事件，作为积极增长或可能出轨的早期指标。我们的笔记其实是小组历程的镜子，在其中，我们对小组的经历进行反思，通过这个过程，我们与每个小组共同工作时都能够达成新的见解和方法。

总体来说，根据参与者的评价，小组之间进行轮换的过程完成得非常出色。因为我们的笔记旨在捕捉会议上有意义的点，一位参与者指出，"每位学习教练都能够跟上每个课题的速度，这一点令人印象深刻，即使他们并没有参加每次的谈话。"

　　虽然与一个小组一直在一起会更容易一些,但我发现为所有的小组提供教练为我提供了更好地给每位参与者进行一对一教练的机会。基于参与者对小组的贡献,我强烈地意识到了每位参与者的能力。我能够强化和支持他们通过项目而得到的个人收获与成长。

　　PSE&G 公司的 LIRW 项目需要更多的学习教练和外部项目经理的灵活性和协调性。在超过 3 年的 9 个项目的过程中,共有14 位不同的学习教练参加了进来。

PSE&G LIRW 项目

文/朱迪·奥尼尔　学习与领导力公司合伙人、总裁

　　在项目的每个会议之前,会确定三位学习教练,确定的基础包括背景、经验的多样性以及时间的允许情况。第四位学习教练在整个项目中扮演着项目经理和学习教练的综合角色。这四个教练独立于一个行动学习小组工作,并形成一个学习教练小组。这些教练首先根据外部项目经理的口头和书面情况介绍进行工作准备,然后会召开一个学习教练小组会议。在许多情况下,由于各学习教练组的成员彼此不认识,以前没有一起工作过,因此,了解每个人的背景和他们将带给小组的优势,以及他们对于学习教练这个工作的看法和假设就显得非常重要。他们还以小组的形式与发起人进行会晤,然后单独和自己负责的小组的发起人进行会晤。这些会议对于学习教练小组来说非常重要,在会议中,他们明白了项目设计

的情况。项目的设计要求他们在整个学习社区里作为一个整体来工作，而在所负责的行动学习小组中则是单独工作。

　　既然每个学习教练在他/她的小组中的工作是独立的，一致性就成为了一个问题，特别是在各小组强调多样化的情况下更是如此。此外，学习教练需要在个别行动学习小组的需求和项目的需求之间寻求平衡，如果学习教练独自工作时，这种寻求平衡的工作就没有必要。一致性和平衡可以通过两种方式得以解决：

　　一是通过项目经理与学习教练角色的结合。这个角色在许多方面会起到帮助作用，它给项目提供了连续性，包括会议之间以及在各个学习教练小组之间的连续性。这也是每个学习教练小组中的学习教练对于提问、问题、对组织的担心、项目整体、以及他们与各自的行动学习小组间的互动的一个核检点。最后，这个角色是学习教练个人与学习教练小组的一个助推器，它有助于确保整个项目组及每个行动学习小组的工作符合项目的主要范围与边界，同时还可以平衡学习教练的个人需求和行动学习小组的需求。

　　第二个保持工作的一致性和平衡的重要元素是，学习教练小组要用很长的时间来准备、汇报和作为彼此的"传声筒"。这些讨论让教练更好地理解了在自己的小组中可能会发生什么，尤其是在把其他小组和项目作为一个整体来思考的情况下，可以获得处理小组中棘手问题的有益建议和支持。

如何培养和开发学习教练？

　　正如前两个案例所示，是否要使用内部（公司内）或外部（外部顾问、学者)资源来担任学习教练这一角色需要组织做出选择。除非组织内已经有了有经验的教练,否则组织最初往往会依赖外部资源来开发内部能力。从长远来看,每一个选择都有利有弊。请见表 48:使用内部和外部学习教练的利弊。

表 48　使用内部和外部学习教练的利弊

	利	弊
内部	可能比较容易获得	在进行"文化之外"的操作时会有困难
	成本低	面对文化内的参与者时会有困难
	易于在组织内部内化学习技能	不易得到
外部	经验	成本高
	不受组织文化束缚	不易于在组织内内化学习技能

　　内部教练的正向面:依据组织的情况,可能有现成的、具备成为一名学习教练的必备技能的资源。如果是这种情况,他们已经可以为行动学习效力了。如果有这些现有的资源来学习和扮演学习教练的角色,技能是很容易转移给组织内的其他人的。

　　内部教练的负向面:行动学习最重要的干预措施之一是提问。会问问题很重要,但"在文化内部"这样一个事实给内部资源提供这类干预带来了困难。学习教练需要挑战小组,他/她需要把聚光灯放在理所当然的行为和思维模式上,甚至面临着识别自己的"理所当然"的行为的挑战。另外,内部教练可能需要面对自己所在组织中的其他人,这种方式可能会引起参与者对教练的消极反应。最后,并非所有的组织都有现成的资源。人力资源部门和直线部门的削减可能会使这种选择失去可能性。

　　外部教练的正向面:有一些经验丰富的行动学习教练可以帮助组织思考行动学习是否是正确的干预方式。如果行动学习是正确的方式，外部学习教练可以帮助组织决定选择什么流派，进行协同设计以最好地满足需求，并协助实施项目，包括承担学习教练的角色。外部学习教练不会遇到内部学习教练所遇到的同样问题，他们从外部的角度来运作项目，不会遇到这样的风险，即今天我挑战你，明天我必须和你做同事。

外部教练的负向面：成本高。在做决定时，成本是一个考虑因素。最后，如前所述，大多数行动学习人士赞成向参与者和组织转移自己的技能这样的理念。由于外部资源做了大部分学习教练的工作（如果不是的话），因此，要特别关注这些技能如何内化到组织中。

对于如何培养学习教练存在着一些通用的看法。第一步是让未来的教练参与行动学习项目。除非个人作为参与者经历了这个过程，否则对于他/她来说，在未来给参与者提供理解和支持是很困难的。因此，企业选择使用外部资源来帮助启动项目，然后尽快转移到内部资源上。首先，这个人要作为参与者参加项目，然后，再在项目中作为一个经验丰富的"影子"教练来跟进项目，由经验丰富的导师带着一起和小组工作，或者扎进一个小组，与小组一起工作。

研究表明，根据新教练的背景情况组织一些培训也许比较适合。为了奠定理论基础，新的学习教练需要理解这些理论基础的形成背景，这就需要介绍行动学习的不同方法及每一种方法所持的假设。

成人学习理论的基础，如从经验中学习和质变学习，应当成为学习教练培养的组成部分。与行动学习的理论相一致，对于新教练来说，作为参与者参加行动学习经历的反思，应该是学习的内容。

　　如果新的学习教练没有小组流程的技能,应该将这类正式课程或发展机会包括进来。无论在什么情况下,新教练理解流程顾问和学习教练这两个角色的区别都很重要。

　　在看了学习教练角色的复杂性之后,我们接下来将注意力转向经过良好设计的行动学习项目的结果,以及到目前为止我们所讨论过的各种因素是如何促进这种结果产生的。

第**5**章

量化成果:行动学习评估

即使找对了路,但你停滞不前,也会被车轮碾压。

——威尔·罗格斯(Will Rogers)

学习不是义务,生存也不是义务。

——爱德华·戴明(W. Edwards Deming)

到目前为止,我们已经探讨过了行动学习是否能帮到你所在的组织;提供了如何判断哪个流派能最好地满足组织的需求;了解了协同设计的概念,以及如何用它来设计最好的项目;研究了一些容易产生良好效果的要素和流程;探索了学习教练的重要性及其与项目成功的关系。尽管我们已经做了这么多工作,但你怎么确信你所设计和实施的项目确实成功了呢?你如何向组织证明所投入的时间、人力和资源正在产生预期的结果呢?其中一种方法是我们在拉姆-哈特曼案例中所听到的参与者的声音。

沃尔沃卡车管理项目

文/沙龙・拉姆-哈特曼博士　Inside Out Learning 公司 CEO

参与者项目经历的典型案例

当我飞往比利时布鲁日去参加项目会议时,我在想:他们怎么会希望我们在参加这个为期 6 个月的项目的同时还要完成正常的工作和承担家庭的责任呢? 我终于到了项目室,见到了其他来自于不同文化背景和职能的参与者,每个人都有不同的个性。噢,不,他们把椅子摆成了环形。这会很煽情,我想找个地方躲起来。

再看看议程安排,看起来空闲时间很少,项目直到黄昏才会结束,有一个晚上安排了文化晚会,我们会去探索布鲁日。我以前从来没有去过美国之外的国家,我不喜欢我不会说的语言。

我们现在在开第一次课题小组会议。我们拿到了课题,每个人都在努力,除了那个坐在桌子末端的法国人。我甚至想知道他会不会说话。讨厌的学习教练打断了我们的行动,并让我们把反思写在学习日志上。在他参与进来之前,我们进展得很好!

好,这事过去了,现在我们正在玩商业游戏。我喜欢竞争,我们会赢! 我和另外一个搞营销的家伙控制了局面,噢,不要再打断了! 但是,学习教练让我们停下来再次反思。然而,在反思中,我了解到,那个不说话的法国人不会说英语,根本不知道发生了什么事,感到自己受到了冷落,另外两个内向的小组成员也感到受到了冷落。事实证明,如果我们停下来听一听的话,他们可能会有好想法的。我不喜欢排斥他人,我不知道我是不是一贯如此？我是一个非常外向的人,可能总是会控制与别人的谈话。我要开始改变。

我们回到了有20位参与者的大集体中进行反思和对话,我不敢相信人们所分享的东西。你的意思是,不只是我有这些问题吗？也许我们只是些单纯的人吗？在同一时间,我听到了来自于不同背景的全新的观点。

在第一个和第二个会议之间,我们开会了,而且更有效率,因为学习教练没有让我们放慢下来。第二个会是在美国开的,在那里我们反思了我们对所负责的工作采取的行动。我看到了,我们放慢节奏对所做事情和一起工作的情况所进行的反思是如何反而使我们效率更高。实际上,停下来反思我们的行动方式,从长远来说更富有成效,所以我们决定只要是以小组的方式来工作,就要使用这种停下来反思的做法,而且在回到工作岗位上后,我开始把它用在了我的小组中。

现在是第三周了,在印度。我真的很高兴了解了这些家伙们,因为我们了解到了一些个人的东西——迈尔斯-布里格斯、360度和小组反馈,以及分享生活经历的生命线运动。所有这些工具都让我对自己有了更深入的了解,走在印度街头,看到一位妇女抱着一个垂死的婴儿在讨钱,这真的深深地触动了我。我有抱怨吗？生命的意义究竟是什么？我怎样才能成为一个好丈夫、好父亲、以及一个称职的人？

在生命线练习中,一个家伙忍不住哭了起来,他告诉说,他如何疯狂地为工作而牺牲了全部的个人生活。我感同身受,我看到了自己也在这条道路上飞奔。我们在酒吧里一直谈论到凌晨4点。他的故事帮我重新找到了家庭和工作的平衡,这令人惊讶地使我的工作更有效率了。我发现如果我在家里更快乐，我就更快乐，而且工作也更富有成效。

　　在第三次和第四次会议之间，我们会面了，来完成我们的课题，准备在瑞典的第四次会议上向高管层做汇报。我发现我得到了一份新工作，我认为这对我练习应用所学的内容会非常有效。我现在有 100 名员工，所以我会继续放权和授权。对于项目的结束我很伤感。但当我想到这将是一个美好的疼痛时，我又很开心，现在我认为这是我人生中最棒的经历。

正如第二章中所提到的，协同设计的重要组成部分是确定如何评估行动学习项目。本章将讨论一些评估和研究的方法，并展现一些成功的故事，这些故事都来自于对我们所讨论过的项目的评估和研究，例如：

☐ PSE&G 公司的 LIRW

☐ 格蕾斯可可的全球论坛

☐ 英维思的领导力在行动

☐ 伯莱克斯的企业发展项目

☐ 沃尔沃卡车公司的沃尔沃卡车管理项目

☐ 全球金融组织的行动学习项目

☐ 美国退伍军人事务的行动研究项目小组

☐ 辉瑞公司的绩效领导力项目

如何评估行动学习项目？

　　多年来，职场教育者经常使用帕特里克层次论来检验不同层次的学习和绩效成果：对项目的满意情况、项目结束后的即时学习收获、回到了工作岗位后对学习和绩效的影响，以及最复杂的评估层次——对组织的影响。最近,研究评估的专家们发现了这种方法存在的问题。尽管这种方法指出了应该在哪个层次上衡量项目的影响程度,但层级本身并没有提供对于如何做出好的(或有用的)评估的建议。将成果(满意度和个人学习之外的)归因于培训,本身是非常复杂的。对于这种复杂性,人们有了越来越多的认知,因为个人转化学习的环境是复杂的。即使具备可能性,在学习与影响之间建立因果联系也是非常困难的。

正如瑞林所指出的,人们可以"在项目和财务成果之间加入一个干预效果这个因素",然后再看看干预和干预效果之间的联系,以及干预效果和财务结果及其他方面间的联系。瑞林用布德罗(Boudreau)和瑞姆斯坦德(Ramstad)在西尔斯所做的一项研究说明了这个方法。在这项研究中,布德罗和瑞姆斯坦德观察到了领导力开发和员工态度转变之间的关系,这反过来又与顾客满意度产生了联系。瑞林还建议,人们可以观察一下项目中对小组的发展产生影响的反思实践之间的联系,然后检查一下行动学习小组产出(有效的和财务性的指标)之间的联系。

人们已经提出了对于帕特里克层次论的各种延展或替代性方案,其中一些我们会在本章稍后部分讨论。但考虑到人们对这个层次论的依赖度,我们如何将其用于行动学习的评价工作中呢?

行动学习协同设计人员通常从检视项目本身的角度来使用这个框架。首先,通常要通过调查问卷的方式,看一下参与者对于项目的反应,属于柯克帕特里克的第一层级。尽管问卷上的提问通常想要评估参与者对项目的满意度,但行动学习项目也强调一些更加实用的提问,这些提问对于预测其影响来说更加有效,请见表49:伯莱克斯企业发展项目评估表。

表 49　伯莱克斯企业发展项目评估表

伯莱克斯企业发展项目评估表

1. 项目中最有效的部分是什么？最无效的呢？

2. 关于学习教练，你希望他们再多做一些的是什么？少做一些的是什么？

3. 何种方式的个人学习目标活动对你有效？何种无效？

4. 你从达成组织学习目标中取得了哪些收获？以什么方式获得的？

5. 项目中的哪个部分对你完成课题最有促进作用？哪个部分帮助最少？

6. 你还有什么其他反馈？

如何知道学习是否得到了转化？

如果我们继续使用柯克帕特里克模型进行评估和研究，接下来我们来看看如何检验在项目中学习是否发生了。迪尔沃思提出了一个衡量和标识行动学习小组动力的方法。他与 ITAP 国际合作，修订了全球团队流程问卷（GTPQ），这个问卷是一个诊断流程变化的工具，可以用在全球性行动学习项目上，也可以用在国内的但行动学习项目中的小组距离较远的情况。他的研究表明，修改后的版本为研究者和行动学习小组提供了有益于小组过程的定量和定性反馈。由于大部分行动学习项目的战略任务包括组织和/

或个人的变革和发展,我们对从项目中所获得的学习是否转化到了工作场所中也很感兴趣。

行动学习项目能够产生显著的学习,而且合适的项目设计可以强化学习的转化。学习转化的评估涉及到基于项目经历所产生的后续行动,以及对于所学内容长时间的保持或持续应用。学习转化的程度依赖于参与者在项目之外对于知识、洞见、理解、意义、态度、能力和/或行为应用的变化程度。参加了行动学习项目的经理们必须致力于"远程转化(far transfer)",即"在多样的、复杂的和不确定的情况下进行思考和采取行动的能力"和"长途的高速路转化(forward-reaching high road transfer)",也就是,应用"在新情境下应用明确的一般原则"的能力。

一些数据收集和评估的方法与设计本身是用来衡量个人的变化和发展的;另外一些方法和设计则常常用来检视组织的支持情况。我们分别来看一下。

我们要讨论的第一个数据收集方法是在相对简单的训后评估中应用关键事件问题法,该方法适用于参与者已经完成了项目,数据已经收集完,但干预依然在起作用的情况。这种评估方法在PSE&G 的 LIRW 中使用过,通过参与者行为发生改变的案例,向组织证明,项目的发展和行为目标已经达成,具体如下:

PSE&G 的 LIRW

文/朱迪·奥尼尔   学习与领导力公司主席、合伙人

为了了解 LIRW 对参与者和组织的影响,我们做了一个跟进式的评估和研究。早期评估使用了一些关键事件问题来找出项目对于参与者和/或组织的影响,如,"你是否能想起这

样一种情形，即你发现自己使用了更好的或不同的沟通技巧，以便于取得更好的成绩？"正如第一章中所讨论的，该项目属于经验流派，但由于项目的持续变化，我们可以看到批判性反思也越来越明显了。因此，在评估中，我们看到了基于经验学习圈改进工作方式的单环学习，也看到了基于批判性反思和质变学习的双环学习，这种双环学习与项目目标相联系，改变了定义问题或情形的根本方式。请见表 50 中的案例。

表 50　LIRW 的参与者结果说明

目标	单环学习结果	双环学习结果
强化人们彼此沟通与互动的方式	"我的学习目标之一是成为一个更好的倾听者……我现在所做的已经超出了我一次又一次所说的。我对我的同事会很耐心。我得到了良好的效果。我们的团队很好，我们上周少了一个人，他们真的拼命把任务完成了，我看到团队的态度有了真正的改善。"	"我的一位同组成员问了我一个关于个人学习目标的问题，这使我重新思考我所采取的行动。我从未从这个角度来思考过。我决定在所打开的领域内采取行动，并获得来自于同事的更积极的反馈。"
将质量工具和行为植入组织中	"LIRW 是质量流程所需的一个跳跃式的开始。"	"流程起作用了。我会毫不犹豫地使用这些工具，它不是火箭技术，但如果你闭着眼睛，它就会成为火箭技术。"
建立一个开放和信任的环境，把冲突摆到桌面上	"发生了一件事，我在两个工会雇员身上用了冲突解决模型……我想这是一个双赢的局面……我们都同意了，而且一位工会官员事后到我这里来说，这是一个真正的高效会议。"	"我猜我从 LIRW 所花费的时间中得到进一步的方法，我可能无法识别 LIRW 的学习收获，可能是因为他们越来越根深蒂固地融进了我的管理风格中……所以我所做的是，和每一位员工讨论所需要的计划，从而找出更容易接受的那个。"

关键事件评估支持"事件"的收集与分析,这些事件被认为是对所评估的活动非常有效或者非常无效的反思。不只是在活动过程中所发生的行为是关键行为,只要行动的目的或意图看起来相当明确,且其后果确定与效果相关的,这样的行为都是关键性行为。这些行为可以是自己汇报的,也可以是在观察中获得的,或者是观察活动执行的人亲自观察到的。

对关键事件提问的回答可以通过口头的方式,也可以通过书面方式,并应:

- 尽可能简短
- 表达清晰
- 直接符合评估者正在寻找的信息
- 容易被参与者或其他受访者理解
- 实际行为的描述
- 帮助受访者区分个人的行动/行为和前后的情境
- 以科学的方式选择受访者谈论的关键事件,例如说最近的事件,就可以防止受访者只谈生动、有趣或适合他的本人的事件。
- 包含所需评价的行为的全部方面

在 PSE&G 评估中所使用的问题请见表 51:PSE&G 的关键事件问题。

表 51　PSE&G 的关键事件问题

"我们从你开始 LIRW 时回顾。你能想起那个促使你开始使用质量工具或其背后的思想,以便于改进结果的时刻吗?"(暂停,直到他/她表明有一个铭记在心的事件)

"请告诉这个时刻发生时的情境和时间?"

"谁是参与者?"

"情境的哪些方面导致你出现了这样的反应?"

其他种类的问题也可以用于评估中。LIRW 项目运行约两年后,为了确定行为改变对于组织的影响,我们进行了一个全面的研究。外部研究者大约接触了 200 名参与者,并提出了以下问题:

1. 自从 LIRW 项目开始以来,你发现人们更容易与你或其他人开放地谈论事情了吗? 为什么你会那样认为?

2. 自从 LIRW 项目开始以来,你看到你所在部门内外部有了更多的团队合作(协作)了吗? 这是为什么?

3. 你认为与 LIRW 实施之前相比,当有不同意见时,人们的行为有所不同了吗? 你觉得是什么原因造成这种情况的呢?

4. 相比于 LIRW 项目之前来说,你看到质量工具或这些工具背后的思想有了更多应用了吗? 是什么原因造成的?

虽然数据的基础是通过自我报告所获取的洞察,但结果是正面的。基于正在讨论的目标,有 65%—79% 的受访者回应说,他们在其日常互动中已经看到了所期望的变化。负面回应,即他们没有看到所期望的改变的数据是 6.5%—15.5%。在正面回应中,比例最高的是质量目标;负面回应中比例最高的是沟通目标。

虽然英维思的业务变革对其所实施的行动学习项目的有力评估存在一些阻碍,但访谈还是显示出了项目对于个人学习目标以及对于团队课题工作的积极影响。

英维思领导力在行动

文/凯特·霍普夫纳·卡勒 KHK 人力资本咨询

一位参与者的个人学习目标是"开发战略思维/战略规划的结构化方法,开发协作领导力——一种适用于企业层面的领导力。"报告的结果说明他实现了这些目标:

　　我认为我的两个目标"90％"以上都实现了。在第一个目标上,我带回了开发和实施战略思维的工具。直到今天,我仍然会提到我们所得到的资料以及属于同一方向上的新资料。我学会了如何区分战略思维(去哪里)与战术思想(如何去)。另外,情景规划非常有益,我现在几乎每天都会使用这种方法。

　　在领导力方面,我仍然在努力,因为我觉得这个工作不会停止。我学到的东西几乎是无价的,尤其是从360°评估中学到的东西。它帮助我更好地理解我自己! 我意识到,我在沟通中有薄弱点。令人惊讶的是,相比较于职业来说,这对我的个人生活更有帮助(当然对职业也非常有帮助)。

　　你还学到了什么?

　　我在业务能力上获得了更多的自尊/自信。以前我想我可以做,现在我知道我能做。我在皇后大学、麦吉尔大学及蒙特利尔大学也参加过许多"高层培训"(会议),但迄今为止,这是我得到的最好的培训。

　　这种反馈与每一位项目参与者的反馈是一致的。他们的报告显示,通过区分不同的职责所需的领导力类型,他们给组织带来了不同层级的领导力。特别是在所有参与者的报告中,他们都强调了使用工具和所学到的内容,对自己的组织进行结构调整这一战略职责,以增强业务的战略规划,从而提高他们所管辖业务的经营业绩。

　　辉瑞通过对参与者经历的访谈和对小组课题成果的审查来收集数据,评估PLP项目的收益。

辉瑞公司的绩效领导力课题

文/查克·威廉姆斯

绩效领导力课题的产出变动很大。有时,小组远远超过了原先的预期和范围。有时小组未能有效凝聚在一起,没有产生完整或充分的结果。大多数情况下,小组在我们的一些最困难的业务问题上取得了非常好的成果。他们开发了领导力,建立了往往会持续多年的关系,这会帮助他们完成其他的跨组织任务。

个人收益:小组成员几乎没有例外地说到,这个持续90—120天的课题时期是他们在职场中遇到的最困难的时期之一。他们必须找到将工作授权给下属的方法,要在其他工作和课题工作之间排定优先顺序,他们认为课题是一个终极历练。几乎所有人都指出,他们非常高兴参加了项目,并认为与正常的情况相比,他们的领导力开发得更迅速。他们特别感谢发起人、教练和其他团队成员所花费的时间和精力。谈到开发了什么领导力技能,参与者强调最多的是:

☐ 授权和委派

☐ 同行和小组成员的信任

☐ 跨地区、跨时区和跨文化工作的能力

☐ 利益相关者管理

☐ 给予和接受高品质反馈的能力

☐ 开发和沟通业务价值的能力

☐ 与小组和其他同事互动和指导的能力

☐ 使日常工作更有成效的跨组织的关系

☐ 团队建设的方法和技巧

经营业绩:在大多数情况下,这些跨职能的团队在一些我们最困难的业务问题上取得了优异的成果。辉瑞公司 IT 组织的突出成果如下:

☐ 全新的全球服务模型,该模型支持 IT 基础设施(即计算机、网络、桌面服务、信息传递、安全操作)的共享。该模型将部分辉瑞公司的内部 IT 集团进行了结构化,使其成为一个具有明确的服务组合、客户和业务指标、需求规划和服务层的有竞争力的服务组织。该模型目前在全球贯彻实施后,顾客的满意度提高了 20%,单位服务成本 3 年来缩减了 20%,现在还计划再缩减 15%。在敏捷性和速度有了极大的提高之后,辉瑞公司通过收购和剥离迅速改变了业务。值得一提的是,这些变化是由提出并参与了 PLP 课题的发起人所推动的。

☐ 成功管理企业数据的全新方法。IT 和业务流程的负责人开发了一个数据管理方法和所有权模型,使来自于辉瑞公司内外部的数据源得的正确的理解和管理。这个主数据管理服务支持对于大量的临床、产品、病人、同事和财务数据的解读,并把它转变成可以供辉瑞公司内外部共享的安全而又可靠的信息。这项基础工作对于辉瑞公司重新确定业务组成、进行新的医疗服务和产品创新来说都非常关键。仅仅在临床数据方面,这些信息在把药品推向市场方面将每年节省数千万美元和几个月的宝贵时间。

☐ 在人才开发和其他人力资源流程,包括有意义的职业阶梯、管理能力、以及为 IT 部门所用的劳动力开发规划工具等方面得到了显着的改善。IT 部门在人力资源实践方面将继续充当辉瑞公司的领导者,包括更好地整合人才开发的工具和流程等相关技术的使用。

据悉,所有的小组都要阐明其所提出的项目建议的商业价值,这个价值可以是投资回报率、风险降低情况、新的收入来源,也可以是更快速地适应不断变化的环境。

我们把绩效领导力课题作为辉瑞公司内部继续强调人才开发的一个关键因素。虽然该项目要求多、困难大,但我们的高潜人才、新兴领导者都渴望参与进来并加速个人的学习。一些最有才华的人迅速地解决了一些最迫切的业务问题,同时成长为领导者,这一点让人非常兴奋。

除了关键事件或直接的问题访谈外,还有其他收集行动学习项目评估数据的方法。一种方法是对项目本身的观察。尽管观察员可能是一个比较难处理的角色,但通过适当的协商,这种方式还是可以在项目中提供有效协助的。约克斯、奥尼尔、马席克、尼尔森和科劳德尼介绍了这种评价/研究的方法。

虽然格蕾斯可可组织最初不愿意让研究人员进入全球论坛项目,但他们最终允许有一名观察员参与者,他在一个研究小组的支持下进行数据分析。研究者认为其作用会超越参与者的作用,带着这种理解,他参加了项目的在国内举行的首次会议。

在那一周中,他一直保持低调,与参与者、学习教练和项目总监进行非正式的互动。他观察小组的活动,进行实地考察和观测,做笔记并写下自己的反思。他承诺,除非受到学习教练的邀请,他不会对项目进程发表评论,但在最后,他作为一名成员真正参与了进来,这对于建立和维持他与其他人的关系来说是必要的。在第一周结束时,该研究人员成功地获得了大家的信任,并获准呆在项目中,以保持项目的平衡。此外,项目总监允许让他采访组织中受到项目影响的非参与者。

通过对观察所获数据所进行的归纳分析，以及研究者由于获得信任而允许进行的访谈，为组织朝着创建全球组织的目标迈进以及个人的变革与发展两个方面都提供了证据。360 度评估工具也测量到了个人的变化。例如，一个在欧洲的业务单元在满足某种产品的生产需求方面遇到了困难，请求美国工厂提供帮助。正如一位参与者所说的，"两年前，我们会说，不，这不是我们的事情。而现在，我们肯定会说，如果我们能够提供帮助，我们一定会提供。"另外有一个人说，他的老板在一个毕业生论坛上要求大家在会议开始之前花时间进行反思，"我心想，这是什么？但会议非常有成效。"

格蕾斯可可研究的一个缺点是缺乏衡量变化的基础数据。这并不是沃德所做的多方法研究（仍在进行中）的案例，当时，沃德作为内部顾问负责这个项目，同时也作为参与者观察员进行数据的收集。正如在下面案例中所看到的，沃德通过对个人和公司变化的观察获得了丰富的数据。

伯莱克斯企业发展项目

文/鲍勃·沃德 Leadership Bridge 有限责任公司总裁

这个案例的作者对行动学习领导力开发项目进行了研究，其研究内容是：评估个人参与者将所学转化到工作场所中的程度，以及确认这个学习结果是否导致了业绩的改进。他对质疑性洞察、反思和批判性反思这些学习方法，以及参与者的个人学习目标的转化进行了专门研究，此外，他还研究了上述转化和参与是否促进了绩效的提升。

这一研究成果建立在对参与者（项目前后及项目完成 6 个

月后)、参与者的经理和同事的访谈,以及事前事后多方位评
估结果之上。

访谈的初步结果表明,在项目完成之后,在工作场所中
的转化和应用大部分能够持续下去,在项目结束六个月后,
这种转化和应用仅稍有下降。在访谈时,同事和经理们认
为,大部分参与者的绩效得到改进。上述调查结果也被事前
和事后的多方位评估结果所证实。需要指出的是,参与者所
完成的课题最终在组织中得以实施,其他行动学习项目也由
此启动。

对项目的评估是在项目结束一年后进行的,主要经验
包括:

□ 参与者和高管把行动学习当作一种很好的学习方式,
给予了高度的评价。

□ 在项目开始前和项目期间,参与者老板的参与非常
重要。

□ 未来的项目中,需要有一位高管人员作为课题实施阶
段的拥护者。

最后,行动学习是一个大家共同工作、解决重大组织问题
或开发新的增长机会的方式。因此,它会在组织中产生噪音。
高管在项目期间特别是之后的支持,在最初几年是课题得以
维持以及项目完成的关键。

美国退伍军人事务的行动研究课题组的结果非常有趣,因为
实际上它有两个组成部分——AR 工作的结果和教练引入到学习
实践中的、原先没有预料到的个人学习。

美国退伍军人事务部的行动研究课题小组

文/珍妮特·里德-赫克托和莱尔·约克斯

2003 年,相比于对照组来说,试验点的行动小组的成果非常明显,这些成果包括压力的减少和各种形式所报道的侵犯的下降,而且员工的满意度也有大幅提升。值得注意的是,每个站点都有自己独特的故事。由于场地因素和本地团队在协作探究和学习方面参与程度的差异,各团队存在着一些差异。试验点上的政治遗留问题也影响着这种差异。

此外,随着正式课题的结束,其他 VA 点已要求以类似的流程建立行动小组。项目团队的成员既有学术人员也有 VA 专家,他们共同工作,形成了一些子团队来满足这个需求。在 VA 中,团队工作的方式被其他工作人员所采纳,用于解决类似的课题。

此外,对项目组成员(既包括学术人员也包括 VA 专家)进行访谈所收集的数据,也证实了从学习实践中产生的个人学习已经转化到了他们的工作和生活的方方面面。前面曾经引述过的一位学术成员说:

当我停止防卫时,我真正开始认真关注(学习教练)所说的话,更重要的是,我开始看到了我以前可能从来没有见过的东西。所以,我真正开始关注会议,开始做一些我以前从来没有做过的事情。我闭上了嘴。你知道作为一名学者来说,这会是一种煎熬……你就想说,不停地说……我现在试图去做的事情是真正的倾听,而不是陈述……所以无论如何,对学习理解和学习实践的转变,最初对我来说非常痛苦,然而我打开了这种可能性,也许这些人实际上是有目的的……我准备坐

下来,多听……考虑一些其他的可能性,对其他的一些现实持
开放的态度,尝试着理解不同的角度,理解其意义。

　　拉姆在参与者完成了沃尔沃卡车管理项目后,对该项目进行
了研究。研究的重点是质变学习和那些将批判性反思流派的理念
融入其中的项目元素。她指出,由于几乎没有什么文档对项目所
产生的质变学习提供支持,她不得不开发了自己的研究框架。她
访谈了长期参与过不同项目的几位参与者。

沃尔沃卡车管理项目

文/沙龙·拉姆-哈特曼博士 Inside Out Learning 公司 CEO

　　很显然,VTC 希望把领导者心智模式的转变作为项目的成
果,这是我定性研究的主要焦点。具体来说,我想回答三个研究
问题:

　　1. 项目在什么程度上促进了质变学习?

　　2. 项目参与者最可能对哪个领导力行为产生影响?

　　3. 这些条件以什么方式促进或阻碍了质变学习?

　　测量质变学习非常困难。即使所设计的领导力开发项目的
目的就是取得变革,也很少有证据能够支持这个结论。在我的
学术论文里,我开发了研究质变学习的框架。我认为这个框架
对于那些对研究领导力开发或其他教育项目是否促进了质变学
习感兴趣的人来说,将会非常有帮助。

　　我的研究是对 VTC、MiL 和 LIM 相关人员的看法的定性案
例研究。研究样本包括 24 个项目参与者(相当于总参与者的
25％左右)、24 位与他们一起工作的人(同事)、3 位学习教练和 1

位关键高层。参与者样本是比对着参与者的整体情况进行选取的,这些参与者来自于 6 个不同的文化环境(瑞典、英国、法国、比利时、澳大利亚和美国)和 5 个不同的项目(从 1992 年至 1996 年)。

我用了大量的数据收集方法,包括:(1) 文件分析法(工作人员的文件、描述性的工作人员访谈、项目评价和设计、人口状况);(2) 预访谈(pre-interview)表格(人口状况和学习经验的描述性数据);(3) 参与者、高管和学习教练采访;(4) 参与者领导力反思表格;(5) 同事的关键事件调查问卷。然后,我访谈了 5 位参与者,来试验这个办法的有效性。在采访之前的至少 6 个星期里,每个参与者完成了预访谈表格。基于参与者对个人变化的描述,同事调查问卷进行了 5 次修订,然后才将问卷进行了分发。试点非常成功。接下来,19 位参与者完成了这个过程。为了澄清所提出的问题(即有关项目设计的问题),对学习教练和高管的访谈时间安排在参与者访谈过程的开头、中间和结尾部分。

调研成果显示如下。在 VTM 打算促进其领导人转换心智模式的同时,他们希望项目团队能够解决关键的业务问题,实现业务成果。项目团队找到了课题的解决方案,并为公司节约了成本。以下是一些业务成果:

☐ 设计了超越竞争者的变革性分销系统,节省了 700 万美元。

☐ 通过内部标杆研究,在原材料采购成本方面节省了 3 亿美元。

☐ 挽回了一位取消了所有订单的经销商,挽救了数百万美元的销售损失。

然而,我的研究重点是回答我的三个研究问题,以确定领导人是否确实经历了质变学习,以及是什么条件帮他们做到这一点的。下面是回答研究问题的一些成果,即项目在什么程度上促进了质变学习?

所访谈的 24 位参与者中,有 22 位回顾了质变学习的经历,这 22 位中的 8 位在多个学习领域经历了质变学习。项目对于质变学习的促进程度因项目个人和组织环境的不同而异。换句话说,对于 12 位参与者来说,项目引发了质变学习,对于 10 位参与者来说,项目同步或帮助他们引发了之前已经开始的质变。在所有的质变学习案例中,组织环境(即工作变动)对他们将学习融入到日常生活之中起到了触发或者帮助的作用。

Sunny 的说法代表了那些朝着更广泛、更全球化方向转变的那些人的感受:

该项目是我第一次到国外,到一个陌生的土地上做一个陌生的人,我被抛到了一群来自完全不同文化和不同背景的人当中。现在,我看到自己是世界的一部分……我不再像过去那样把自己的小角落看得那么重要了。我认为自己现在是人类的一员,而不仅仅是一个美国人……现在,当我说沃尔沃时,我想到的是整个世界,我们在这一端能做些什么来和 10 000 英里以外的人们所做的事情结合起来,以便使整个事情做得更好。

Lance 代表了那些在整个领导风格上从"控制"转变到"协同"的参与者的心声。

我相信我是真理的拥有者……我太爱发指令了。在项目之后,我说,没有人拥有真相……这可能对我来说,就相当于说或想"我错了"……法语中没有"共识"二字。在法国,我对了或我错了……在项目中,我发现如果我采纳他们的看法将会更有成效,如果他们是对的,我就要改变……因为,你一个人不可能思考一切。

全球金融组织的行动学习项目使用的是个人问题的协同设计,他们使用与前文描述的小组课题相同的数据收集方法来对项目进行评估。正如前所讨论过的协同设计项目一样,调查结果也显示出了在项目中的学习和在工作场所中的转化。

全球金融组织行动学习项目

我们对 17 位参与者进行了电话采访,以收集他们在行动学习项目中的经历信息。问题是:

☐ 你认为学到的最有价值的东西是什么?

☐ 您在工作场所如何应用行动学习?

☐ 是什么启动或阻止这种学习和转化?

☐ 你对项目改进有何想法?

大多数参与者表示他们获得了对于自己以及全球金融组织的新知识和新见解。参与者列举的一个主要学习收获是质疑性洞察的使用。他们不仅在项目中,而且在回到工作岗位上都应用了这个学习收获。

……看似"幼稚"的提问有时可以打开别人的视野。我知道这在我身上发生了……一个提问使你转向了你从来没有想过的方向,因为你在盒子里,你没想到……

问"接下来做什么"的问题……他们(客户)思考"什么?",这不是一个好的买卖,现在突然之间,他们有了一个意识,并开始质疑最初的决定。

如何测量对组织的影响？

到目前为止,我们所讨论的话题主要集中于个人的变化和发展(尽管在格蕾期可可的项目中也看到了组织文化的变革)。当谈论或观察个人时,确定更大的组织影响是很困难的。为了评估组织影响,我们需要收集那些可能潜在地受到了影响的整个组织的人群样本的数据,而不仅仅是收集那些直接参加了项目的人群的数据。文化调查被认为是评估组织层面数据的可靠方法,所以,如果设计得当,从这个更广泛的样本中所获得的调查数据可以帮助组织找到一些更系统化的影响。

在组织层面数据缺乏的情况下,为了获得对组织的影响数据,我们可以分析行动学习课题的成果。一些行动学习的设计要求小组在一开始就要讨论如何评估项目的成果。瑞林向我们介绍了如何做到这一点,并指出了收集基础数据以及前项目课题数据的价值。所收集的数据可能是数字,也可能是观念的转变。正如在沃尔沃卡车的案例中所提到的,组织"也想通过课题小组来解决关键业务问题,取得业务成果。"以下是 PSE & G 在评估课题成果上所做的工作。

PSE 的 & LIRW

文/朱迪·奥尼尔　学习与领导力公司合伙人、主席

作为协同设计的一部分,每个课题要根据它满足项目成果标准的程度来进行衡量,而这个成功标准是由团队和发起人共同提出的。每个团队和发起人要总结正在进行的课题的

成果,以便于进行评估并向课题总监汇报。表 52 是两个说明性报告的案例。

表 52   LIRW 的课题成果

课题问题	成果
如何将工程和结构的日常开支单位成本降低 10%—20%?	通过区域程序的改变,节约了 500 000 多美元(超过 30%)
分销商在我们生存和服务的社区中扮演什么样的角色?	• 建立了社区建议和必要预算的指南 • 建立了 4 个由管理层和工会组成的区域公民小组 • 每个区域小组对社区的建议进行识别、检查和确定优先次序,以便于实施

如何测量投资回报率(ROI)?

在 IBM,奥德里斯科尔(O'Driscoll)已经对 ROI 及其他的组织影响力是否为学习和组织发展部门或组织本身服务作了研究。他指出,ASTD 的研究表明,只有 8% 的组织会在组织层面上进行评估,这可能是一个迹象,表明这种评估方法并没有被组织中以业务为中心的高层真正重视。许多打算进行组织影响评估的项目都试图根据奥德里斯科尔的说法来解释什么会发生,什么不会发生。相反,奥德里斯科尔认为,业务高管需要一个预测评估工具,这个工具"强调前端的战略定位和价值衔接,而非后端的学习项目价值贡献"。预测工具可以对学习设计和尽早确定对组织的价值提供帮助,然而这需要完全不同的评价方法。

出于对奥德里斯科尔和其他评估方法的思考,人们加入了因果链分析,即提前构画出干预将会产生的影响链条。维多利亚·马席克和玛莎·盖佛特把因果链分析应用在他们为奥的斯电梯所做的评估工作中,用来跟踪战略目标的发展轨迹,以帮助公司确定在该公司的旗舰奥的斯大学中强化网络工作的方式。该公司旨在通过行动学习改善经营业绩。网络工作可以与行为的改进相联系,然后通过影响业绩结果产生的因果链进行跟踪分析。

在某种意义上看,为行动学习这种干预手段对于业绩的影响寻找简单的证据,是一种防御性行动,其目的主要是为项目成功提供证据。而我们应该主动寻找丰富的信息,促进在项目过程中积极采取有效的干预行动,帮助我们可以持续改进。帕瑞思克(Preskill)和托雷斯(Torres)建议进行持续的评估调查,这种调查与干预措施相符,以便于从与行动学习的目标和流程相一致的行动方式中不断学习和提升。"当实施调查时,组织成员共同参与学习过程,包括(a)对话、(b)反思、(c)提问(d)明确的价值观、信念、假设和知识。"

很多方法可以帮助组织看到自己在时间、人力和资源上的投资正在产生预期的结果。在第2章中所讨论的协同设计元素,对于组织选择满足其需求和符合其能力的评估或研究策略来说非常重要。本章还指出,当一个项目被很好地设计时,组织将高兴地看到通过评估或研究策略所展示出来的成果。在最后一章中,我们将回顾这些重要的协同设计元素,以帮助你确定如何在你的组织中进行应用。

第*6*章

一起合作：设计你们组织的行动学习

"忘其所学始为知。"

——亨利·戴维·梭罗（Henry David Thoreau）

"随着时代的变迁，从学者步尘于人间，而认知者满腹经纶探索消失的世界。"

——埃里克·霍弗尔（Eric Hoffer）

选择哪个行动学习流派？如何设计行动学习？对于这些问题的思考，说明要做出行动学习是不是最好的干预方法这个决定，具有很大的挑战性。在第一章中，我们使用了一个调查问卷，来确定行动学习是不是满足组织当前需求的最好的干预方法。我们还用行动学习金字塔的方式，对不同的行动学习流派进行了描述。在接下来的章节中，我们又围绕着行动学习项目的协同设计，讨论了行动学习应用所产生的影响，强调了从做出这个选择的经历和研究中所取得的收获。

在本章中，我们会以行动学习金字塔为指导，通过一个决策支持工具（表53）帮助你回顾第1章中所做出的选择；接下来，通过关键因素的确定和提取，帮助你思考如何设计项目来达成你期望的结果；最后，用一个回顾表来帮助你回顾各章中的相关内容。

哪个流派适合你?

在第一章中,你对行动学习是否适合你,以及哪个流派适合你进行了确定。在之后的章节中,你获得了很多关于各个流派的信息。表53提供了一些新的信息,帮助你对所做出的选择进行回顾。要使用这个决策表,首先要用"是"或"否"的形式来回答表格中第一列的问题。

第一列是关于组织准备度的提问。要使用行动学习,无论您选择哪个流派,对第一列提问的回答必须是"是"。因为所有的行动学习项目解决的都是那些引人注目的、结构不良的问题,这就需要质疑性洞察以及从专家那里进行学习。对于这些问题所生成的解决方案,往往涉及到系统性思维和整个组织的变革。对于员工为解决这些挑战所提出来的思考和新的工作方式,高级领导者和管理者必须全力支持。如果是小组课题项目,主要领导者必须愿意挑头和发起课题,并与行动学习小组成员一起花时间来思考这些问题。

图7 行动学习金字塔

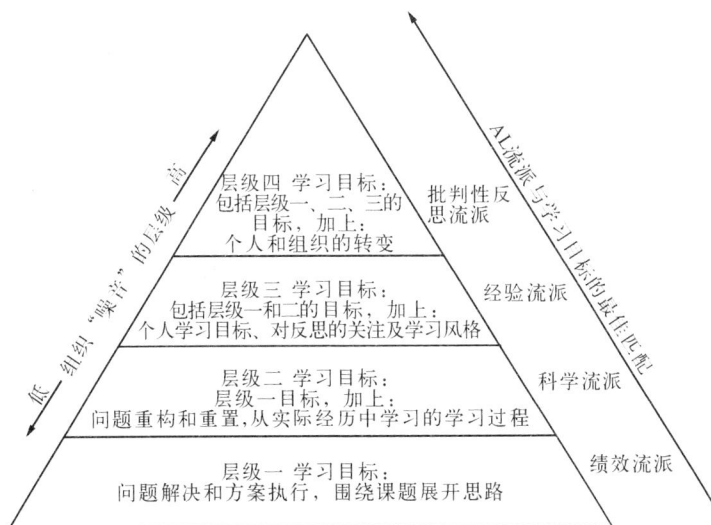

　　请记住,要做出是否使用行动学习项目的决策并不是一个简单的过程。你可能要与别人交流,收集信息,衡量各种选择方案,有些选择还会受到政治的影响或资源的约束。虽然决策表中的问题是封闭式的,但这些问题能够刺激大家对于目标、组织或参与者需求的思考,以及对于组织文化的思考。例如,如果你想用项目来开发个人领导力,相比于组织变革来说,利益相关者可能会更强调个人的发展;而如果你正在设计的是一个战略领导力项目,利益相关者可能会更强调人们所完成的课题;同样,业务需求可能会对战略的转型起到决定作用,但却只限于在现有行业或组织文化的范畴内来实现这个目标;……

　　假如你的组织已经为行动学习做好了准备,决策工具的第二列是关于如何区分行动学习金字塔中的四个流派方面的提问。根据你的回答,我们所建议的最适流派在第四列中列示。

表53　选择行动学习流派的决策表

基本问题 (答案须为"是")	第二步问题 (选择方法)	如果……	行动学习方法 (最适合的)
经理人和/或组织正面临着紧迫、结构不良的问题吗? 普遍来说,组织成员认同改进组织学习的需求吗? 如果是小组课题,组织的领导者准备好当课题发起人了吗?	(a) 组织存在指令性的领导文化,并且不希望被挑战吗?		
	(b) 所期望的学习成果主要是发展战略思维和/或回答战略问题吗?	如果对a和b的答案选"是",那么	绩效流派
	(c) 作为b的补充,所期望的正式学习成果包括问题重构、问题设定和问题解决流程的学习吗?	如果a的回答是"否",c的回答选"是",那么	科学流派
	(d) 作为b和c的补充,所期望的学习成果包括参与者个人的发展吗?	如果a的回答是"否",d的回答选"是",那么	经验流派

（续表）

基本问题 (答案须为"是")	第二步问题 (选择方法)	如果……	行动学习方法 (最适合的)
	(e) 作为 b 和 c 的补充,所期望的学习成果包括个人和组织的质变学习吗?	如果 a 的回答是"否",e 的回答选"是",请看 f、g、h	
	(f) 管理层做好接受高度不确定和模糊性的学习成果的准备了吗?	如果选"是",请看 g	
	(g) 对于所产生的高分贝的组织"噪音",做好充分的应对准备了吗?	如果选"是",请看 h	
	(h) 高级领导者准备好去学习了吗?	如果选"是",那么	批判性反思流派

绩效流派

如果你对第二列中的前两个问题（"a"和"b"）的回答是"是"，行动学习的绩效流派对您的组织会更有效。绩效流派的理念是，把聪明的人汇集到一起来完成具有挑战性的任务。绩效流派鼓励人们顺带去学习，把学习当作他们在完成挑战过程中的副产品。任务越有意义，参与者就越会受到激发并乐于接受任务；任务越引人注目，参与者越可能被视为有价值的贡献者和崭露头角的领导人。

绩效流派需要考虑的一个关键因素是，该组织的领导力和文化对现状的支持程度和对变革的开放程度。绩效流派行动学习在组织中产生的"噪音"很少，因此，如果项目的战略任务是人才开发，而不需要从根本上改变组织的职能，这个流派会更合适。参与者也会进行提问，但其好奇心受到现有文化的约束，问题直接指向任务和战术,而不是潜在的价值观和心智模式。

科学流派

如果组织的文化不是高度指令型,你对第二列中第三个问题("c")的答案是"是",那么你可能会对行动学习的科学流派感兴趣。科学流派的理念是:在解决问题上的完整、系统的参与。

这个流派最有力的部分就是推进探询与质疑的持续循环。信息收集是确保正在调查的问题明确化。通常来说,科学流派的项目会持续一段时间,以便于课题组能够将他们提出的解决方案进行试验。当参与者需要具有问题提出、问题重构和问题解决的技能,所完成的课题需要事实调查,以及需要对提出的解决方案进行测试验证时,科学流派尤为有价值。

经验流派

如果组织的文化不是高度指令型,即你对第二列中的第四个问题(d)的答案是"是"时,那么你可能会对行动学习的经验流派感兴趣。该流派的理念是:强烈关注从参与者和组织的经验中进行学习。

该流派强调行动前、中、后的质疑和反思,以帮助参与者了解自己在不同的情境和环境下做事的方式。它的前提是,人们需要从经验中学习,否则就会由于一次又一次相同的经历而受到谴责。没有反思,参与者可能就无法完全理解他们为什么要做所做的事情,以及如何改变自己的行为。通过自我洞察及来自于他人的反馈,参与者会在未来的情境下做出不同的反应。如果个人发展与解决问题同等重要,那么经验流派优于科学流派。通常来说,经验流派提倡使用学习教练来创造学习空间、提供反馈和思考可替代的行为方式。

批判性反思流派

如果该组织的文化不是高度指令型的，也就是说，你对于第二列第五个问题的回答是"是"，那么你可能会考虑选择批判性反思流派。组织对于这个流派的想法是，是否期望在项目中通过开发能力来改变个人或组织的基本思维方式和工作方式。面对着全球化、技术和市场的迅速变化以及越来越客户导向的业务流程，许多组织需要转变工作的方式。批判性反思流派会使个人和组织发生深刻的变化。

但正如本书前面所讨论的，强调批判性反思会在组织中引起更多的"噪声"。进行批判性反思的人可能会问一些组织不希望提出的问题。转型需要时间，尽管组织中的一些领导人理解和支持变革，但目前可能还不到培育行动学习人员的时候，因为这些人员对于变革的推动速度远远超出了组织吸收变化的能力。当然，这个问题可以在项目设计时得到解决。因此，如果组织对于转型的态度是严肃的，就要通过管理措施的变革来支持这个转型，项目本身也可以作为变化的一个驱动力。

因此，如果对于第二列中我们的决策支持工具的"f"和"g"问题的答案是"否"，你可能还是得考虑使用经验流派。问题"f"和"g"是关于高级领导人对于项目设计、课题的工作方向和期望的学习产出等方面的模糊性和不确定性的接受程度的。模糊性是批判性反思项目的特征，因为项目的一部分控制权在参与者手中，参与者在课题完成和方向选择上起着主导作用，这种选择包括学习什么以及用什么方式进行学习。项目本身可能会成为一个自运行系统和一个过渡性的空间，在这里，领导人可以采用一些与正在发生变革的组织的规范不一致的方式来采取行动。当参与者在课题完成过程中使用创新策略,而这项工作需要组织中的其他部门也参与其中,同舟共济完成课题时,"噪音"就会产生。之所以会产生"噪音",是因为参与者已经开始采用不同的领导和管理方式了。

如果您正在寻找支持组织进行变革的项目,批判性反思流派是一个非常好的选择。出于这个原因,决策支持表格中的第二列中的最后一个问题(h)的回答必需是肯定的回答。组织中的高级领导人需要与参与者一起参与项目进行学习,以便于能够对项目参与者的思维和行动提供示范和支持,而这正是他们对于项目参与者的期望。高层领导人应该预料到,课题建议可能会让他们感到惊讶。参与者可能会对组织的做事方式提出质疑,对于这一点,高层领导人应该做好准备,因为,参与者可能会认为这些方式与组织的新目标、新战略或新愿景不匹配。

混合流派和其他注意事项

本书中的一些项目是四个不同流派的组合。绩效流派和科学流派的组合鼓励人们从扩展的问题解决项目中进行自我学习。经验流派和批判性反思流派的组合可以帮助管理者转变工作方式(即使组织作为一个整体并没有改变)。组织也可能会开发领导人的批判反思能力,以及希望他们学会何时或如何使用批判反思能力。

选择一个反映组织目标而远离组织现有战略任务或文化的模型可能不太妥当。这时,参与者可能会觉得,当他们遇到复杂或者更糟的情况时,组织错误地提升了他们对于变革所能够做出的贡献的期望。哪怕课程建议并没有得到实施,但如果这些建议没有被认真对待,人们就会感到愤慨。如果领导者感到他们"在那里,做完了"，但却没有效果，再引入进一步的变革就会变得很困难。

设计特定流派的项目时，应该首先考虑什么？

一旦你清楚了哪个流派或流派的组合更适合你，你可以继续考虑影响项目设计的其他因素。这里，我们总结了本书前面章节中所提到过相关信息。关于在哪里找到更多的信息，请参阅表 54：使用行动学习时需要考虑的关键信息查询表。

表 54　使用行动学习时需要考虑的关键信息查询表

协同设计行动学习的关键考虑因素	在哪里找到更多的信息
行动学习适合你吗？哪个流派更适合你的目标和组织需求/文化？	
行动学习适合你吗？	第 1 章第 32—34 页
哪个流派更适合？	第 1 章第 34—38 页
需要考虑的问题	
在项目中，高级领导人愿意和能够发挥什么作用？高级领导人如何看待项目及其战略任务？	第 2 章 45—52 页
什么是正确的焦点，也就是说，个人发展与所要进行的组织变革的组合？	第 2 章第 52—53 页
个人与组织如何影响课题的选择？	第 2 章第 60—66 页（小组课题）
	第 2 章第 74—76 页
你会使用学习教练吗？学习教练的作用是什么？在哪里以及如何找到/培养他们？	第 2 章第 53 页，第 4 章
需要考虑的其他关键设计问题	
参与者是谁？	第 2 章第 53—58 页
如何得到发起人的支持？	第 2 章第 58—60 页第 3 章第 96—99 页

（续表）

协同设计行动学习的关键考虑因素	在哪里找到更多的信息
项目时长是多长？参与者开会的频率是什么？面对面会议与虚拟会议如何组合？	第 2 章第 66—73 页
确保成功的策略是什么？	第 3 章
"P"和"Q"如何组合？	第 2 章第 73—74 页
需要考虑的组织问题	
参与者和组织如何做好项目准备？	第 2 章第 78—80 页
	第 3 章第 99—100 页
如何做到项目与 HR 系统及组织其他系统的协同和整合？	第 2 章第 80—84 页
对成功或失败最有影响的因素是什么？	第 3 章第 122—124 页
有多少个项目？如何在组织中推广项目？	第 2 章第 84—86 页
如何检查进度和评估成功？	第 5 章

高层管理者的支持和战略任务

　　高级领导人认为项目的战略任务是什么？高级领导人准备在支持这项任务中扮演什么样的角色？对于这些问题的回答将有助于获取、确保和保持高层管理人员对项目的支持。经验表明,除非领导人对于参与者的新想法和建议持有开放的学习心态,否则最好不要运作项目。此外,如果领导者不是真正对参与者所提供的方案和思路感兴趣,参与者就会缺乏动力。参与者的直接上级也要允许他们有投入到项目中的时间。

　　如果战略任务的目标涉及到变革——愿景变革、目标变革、战略变革、文化变革或领导力自身的变革——领导人需要检查对于深刻和根本性变革的接受程度。涉及到日常管理、组织实践、氛围、报酬等方面挑战的目标称为交易性目标，尤其是当变革需要跨业务单元的协商之时，这些目标可能会令人不安。

您设计的项目可能不是一个涉及整个组织的项目。你的影响范围以及所合作的业务负责人，会使得项目的战略任务可能只会涉及到业务的一小部分。你的工作级别越高，就越有可能使整个组织的业务负责人参与其中，越有可能寻找到跨越组织界限的战略课题。

个人发展和组织变革的组合

什么是正确的焦点？或者说，个人发展与组织变革如何进行恰当的组合？对于这个问题的回答贯穿于整个战略任务之中。你的战略任务是培养后备力量吗？是定位和强化高潜力经理人的能力吗？是提升现有人员的知识和技能，使他们更全面和巧妙地融入到工作之中吗？那么你感兴趣的可能是个人开发。

但如果你与组织的高层领导人合作，你可能关注的范围更宽一些，会关注组织变革或个人与组织发展的组合。你的任务是培养那些可以创造突破性变化的领导人，或者让他们在产品/服务上更加具有创新性吗？你想让参与者通过工作程序和做法的改变来改善经营业绩吗？你想让领导人参与方向的设定，认同执行战略的新方式吗？你的参与者期望主动征求顾客意见并带回给高层管理人员吗？如果是这样，那么你关注的很可能是组织变革，当然这些变革依赖于参与者个人的新思维和行动。

也许你对两个焦点的组合感兴趣，但也有可能只对其中的一个感兴趣。如果你主要关注个人发展，对于课题所产生的变革不感兴趣，你可能会减弱课题和组织之间的联系，这将会为个人创造一个相对安全的环境,让他们从课题中进行学习。但你仍然希望高层领导能够对项目建议做出一些回应,但这些领导人需要一些培训,以便于了解如何发挥导师的作用及如何承担人才开发的角色。你认为组织的领导者会对小组所进行的汇报做出相应的判断,基于这样的假定,你可能会在整个课题周期里安排几次报告和讨论会,通过这种方式来提供经常性的反馈。

如果你关注的是组织变革,你也可以给个人目标的完成留出一些时间来达到开发人才的目的。在对许多组织的项目进行研究时,康格和本杰明发现,"在理想的情况下,课题的选择要能够做到在人才发展的同时解决企业的当务之急。"如果重点是组织变革和人才发展,你要通过向高层领导人汇报课题和战略变革机会的方式,使项目得到更多的关注。而培养成功所需要的技能,则可以通过咨询、影响力和变革管理技能等互动方式来达成。

课题选择

不同的个人开展和组织发展组合,会影响到课题的性质。不管在什么情况下,课题对于参与者来说应该是有意义的,应该限定在可采取行动的范围之内。如果课题比较复杂,而且其解决需要跨越组织的边界,组织变革类课题效果是最好的。由于担任领导职务的人可能并不认同所提出的解决方案,所以参与者会接触到组织中很多部门的工作。参与者的这种经历将会推动他们扩大其影响力领域。

无论是哪个流派,如果选择了团队课题,他们应该会受到高层领导者喜好的影响,并要符合项目的战略任务。康格和本杰明发现,发起人希望项目"与企业的当务之急有直接的链接。"参与者则看重他们"被赋予发动一场有意义的变革或新的冒险的主要责任"

的经历。

许多小组课题的标准也同样适用于个人问题。参与者可以提出自己的问题，但在他们做出选择时，你要和他们进行讨论，并帮助他们挑选出那些有一定弹性且与战略任务相匹配的问题。问题可以复杂，但也要在可以采取行动的范围之内。为了帮助组织找到最有效的个人问题，参与者应该与他们的经理讨论他们想选择的问题，他们应该选择那些既能够得到小组成员的挑战、又能够得到他们的支持并且能够采取行动的问题。

教练选择

要使用学习教练吗？学习教练的作用是什么？在哪里找到他们？如何培养他们？协同设计者要尽早思考这些问题，因为如果使用的话，必须招募、选择、培训教练，并为他们发薪水。行动学习小组在没有教练的帮助下也可以学习。但是，教练可以加速或加深他们的学习，因为他们为团队动力带来了新的视角。而且，像所有顾问一样，教练有权谈论他们所看到的现象，否则这些现象可能就被忽略掉了。教练增加了项目的费用，但不使用教练的代价可能会更大，特别是在组织初次引入项目的时候。

无论哪个流派，行动学习都会与讲师所主导的培训项目有所区别。现实生活是核心，但现实生活往往无法预测。搞清楚不可预知的事情并理解它们会产生什么影响以及学习是如何发生的，所有这些都会让参与者更加活跃。当我们从真实课题中学习时，难免会碰到一些磕磕碰碰，经验丰富的教练能够预见到这些矛盾，可以帮助你理解它们，并做好应对的准备。如果成本是一个考虑因素，可以考虑构建内部能力，虽然这样做需要时间，但参与者在小组中的自我催化和自我管理技能最终能够得到开发。

在选择行动学习流派时,你对组织及其文化的思考也会帮助你考虑项目所需要的学习教练类型。正如在第 4 章中所讨论的,教练所做的工作以及他/她需要具备的能力不仅要与所选择的流派相符,还要与组织和项目参与者的需求相匹配。

无论在哪个流派中,选择学习教练经常会遇到的一个问题:聘请外部教练? 还是发现和培养组织内部的人才? 这个选择要考虑成本和现有的专业知识,内部教练了解组织的文化,但这个优势也可能会使他们难以畅所欲言,或影响他们提出具有挑战性的问题;外部教练可能会看到文化内部的人看不到的东西,但他们可能对环境的认识不充分。无论在哪种情况下,教练可能都需要一些角色定位和技能构建的安排,以帮助他们发挥作用。如果使用内部教练,当他们与小组成员不熟悉时,他们可以发挥类似外部教练的作用,因为他们可以自由地提出具有挑战性的问题,跳出盒子看问题。

还需要考虑什么?

一旦这些框架性问题确定了下来,你还需要考虑哪些设计决策呢? 你要问自己:

☐ 谁是参与者?

☐ 如何让发起人与自己同舟共济?

☐ 项目持续多长时间? 参与者多长时间会一次面? 参与者要完成个人学习目标吗? 面对面学习和虚拟学习如何进行组合?

☐ 设计中,"P"和"Q"如何正确组合?

参与者

项目的战略任务影响着参与者的选择和层级。在为项目选择参与者时，你可能会依靠现有机制来识别、跟踪和开发参与者的领导力，你可能会邀请领导人对参与者进行提名，并请高层领导人以他们的名义向参与者发出邀请函。

你也要帮助参与者选择课题小组。你可能会把他们简单地分配到各个小组之中，但在美国和欧洲，当参与者自己有权选择加入哪个小组时，他们会更有主动性。组合要多样化，这对于项目的成功非常重要。当小组在年龄、性别、教育背景及功能等方面存在差异时，他们会学到更多且更有创意。相同的背景可能会使人们更深入地钻研，但他们不太可能提出那些引起团队对假设重新思考并产生新观点的问题。如果课题的专家也在小组中，其他人也会迟迟不发表自己的观点，这也会减弱学习的机会和创新性。

与发起人同舟共济

你如何能与发起人同舟共济呢？发起人是问题的"拥有者"，与参与者共同致力于小组课题的完成。发起人在个人问题项目中的作用不太明显，因为个人是课题的所有者，小组成员的直接上级相比于发起人来说，所提供的支持会更多。

理想的小组课题发起人可以通过亲自参与行动学习项目的方式来认知他/她的角色。如果这种情况不可能的话，在项目启动之时，潜在发起人可以通过角色简介、与学习教练签订合约以及专门设计的工作坊等形式来接触行动学习。发起人发现，如果角色和职责能够事先明确，并使他们参与进来，这对于实现其目标很有帮助。

发起人的角色会随着项目设计的不同而有所区别，但我们呼吁所有的发起人都要支持项目，要充当参与者与组织中的其他领导人和经理人的媒介，使组织的承诺和资源得到保障。即使已经具备了前期项目的经验,发起人在发挥其在行为和行动的示范作用方面往往也需要得到帮助,而这些行为和行动是参与者希望从项目中学到的,当所设计的项目旨在给组织带来文化和做法的变革时,更是如此。

项目长度和会议

项目要持续多久? 参与者多长时间会面一次? 面对面学习和虚拟学习如何组合? 行动学习项目的长度不尽相同,主要的考虑因素是完成课题并从经验中学习所需的时间。当课题比较复杂和/或涉及不同种类的调查以及采取行动的循环时,项目的时间较长;当目标既包括课题的完成,又包括个人学习目标的达成时,所需时间通常要在这两个活动之间取得平衡。项目时间还必须包括"P"学习和即时学习会议的时间。在安排时,既可以在较短的时间内安排 1—2 个集中的当面会议,也可以在较长的时间内留出大块的时间来安排会面。

最典型的是"三明治"式设计,也就是说,较短的常规会议夹在两次课题工作之间,而课题工作与日常工作活动相平行。本书所介绍的项目通常是在长达 2—6 个月的时间内召开 3—6 次面对面的会议,与战略任务/目标相关联的所有课题小组都要参加这些面对面的会议,每个会议之间的间隔时间从 3—6 周不等。

课题小组成员经常会在研讨会之间安排额外的会议。尽管各项目的时间总量和时间间隔不同,为了确保连续性,小组需要经常开会。如果随着项目时间的推移,小组会面的时间经常低于每月一次的话,他们就会失去动力和彼此间的信任。

在研讨会间隔期间,课题小组越来越多地通过虚拟会议的方式来完成部分的工作和学习。考虑到实际和虚拟小组社区的出现,在旨在建立信任和融合的面对面会议之前,课题小组就可以投入时间来完成任务了。一旦信任和融合建立了起来,第3章中所讨论的策略大部分都可用于虚拟会议之中。在与其他课题小组一起进行的面对面的会议之间,课题小组越来越多地通过虚拟的方式来开展工作——通过电话和视频会议和/或基于网络的互动等。VNU 的开拓项目就是一个很好的案例。除了完成项目目标外,行动学习项目也是一个帮助人们学习如何开展虚拟工作的好方式。

行动学习的目的既包括问题的解决,也包括个人和/或组织的发展。要同时达到这两个目的,就需要时间和资源的投入。所以,与普通的培训相比,项目通常需要更长的时间,但是行动学习并不用于常规的、以专家为基础的学习或技能开发类学习。

成功的策略和"P"学习

成功的策略是指包含着这样一些协同设计元素的策略,这些策略能使项目与所选择的最符合组织需求的流派相匹配,例如帮助项目参与者更好地理解项目的期望和目标,了解其角色和职责的定义。这些策略既是一个在完成项目的同时进行技能开发的流程,又是一个创造学习环境来进行个人开发或重新定义问题,以帮助企业实现变革的流程。

我们已经分享了一些来自于自己和其他人的经验和策略。好的策略有各种各样的来源。与"Q"学习概念相关的策略,来自于行动科学的实践和系统思维的研究。

项目长度既取决于"Q"学习或技能开发的选择策略,也取决于你想加入多少"P"学习,这个决策反过来又由战略任务、技能开发的类型和期望的学习成果所驱动。"P"学习的基础是已编纂成册的知识和专长，不同于发现、问题驱动和质疑性见解（"Q"）。参与者可能需要一些信息来构建或者执行课题；领导人可能需要时间来讨论公司的战略和业务问题；技能开发的需求可能需要以评估为基础的、自我开发式的研讨会，例如主题是迈尔斯－布里格斯的领导和沟通风格、学习风格或情商的研讨会，公司可能希望开发每个人的技能，以便于公司使用通用做法来开会或管理课题，这些都可以通过分享性的培训会议来达成。

一个警告：在项目中加入"P"学习课程非常诱人，这些课程易于控制和解释。但行动学习的核心是有机会进行质疑性洞察和来自于经验的自主学习。通过互动可以使学习最大化，如小组内的挑战和支持、围绕对公司和标杆信息的收集所展开的对话、一起找出如何解决具有挑战性的问题的方法等。

因此，日程安排需要足够开放和灵活，以便于人们设置自己的学习议程和路径。即使一些需求，例如管理会议的技能、小组领导力、冲突管理、咨询技能或表达技能是可以事先预见的，不同的课题小组中在学习如何发生这个方面也各不相同。行动学习认为，最好是等人们有动机去学习时，帮助人们寻求和获得那些"即时性"的知识或技能会更好一些。

最后，不是所有的学习都必须在面对面时发生，尤其是今天，只要参与者精通网络，有无数的网上资源可以利用。参与者可以通过互联网和内网搜索和定位在线专家资源，或通过混合学习方式，来找到他们需要的资源。

组织还要考虑什么问题？

一旦项目已经设计出来，组织要考虑的问题有：

☐ 如何让参与者和组织做好项目的准备？

☐ 如何将项目与人力资源和其他的组织系统协同和整合起来？

☐ 最可能对成功或失败造成影响的因素是什么？

☐ 要开展多少个项目？

☐ 如何在整个组织中推广这个干预措施？

☐ 如何检查进度和评估成功？

准备与协同

如何为项目做好参与者和组织方面的准备？如何将项目与人力资源和组织的其他系统协同和整合起来？什么因素对成功或失败的影响最大？

一旦阶段确定了下来战略任务和目标确定、完成了设计过程、选择好了参与者、确定好了发起人、课题也确定了——你就要做好项目的最后准备了。这可能会包括与受到项目影响的参与者、管理者和其他领导人的共同工作，以及与其他的人力资源和组织系统的衔接。

参与者需要将他们的工作与课题、发起人和教练链接起来。行动学习具有体验性、实时性和高度可视性的特点。这种学习不同于以往的结构化学习和开发的干预措施，它涉及到用新的方式与同事、领导、下属和发起人进行互动。在某些行动学习设计中，成员会希望教练支持学习而不是为团队工作提供催化，这可能与其他任务小组中的角色不同。经理和同事可能需要认同行动学习项目所带来的额外工作和参与者所期望的新行为。领导者和组织可能要对达成特定项目目标的期望进行管理，尤其是当组织变革是期望产出的组成部分之时。

在参与者加入项目之前,书面沟通、一对一会议与小组会议,这些方式的结合会帮助每一个人做好准备。可以通过向管理者通报情况来沟通可得到的支持情况、确定责任的优先次序,以及将一些工作委派给下属作为其发展的契机。许多组织会在项目开始前召开介绍会,通过这种方式来启动项目,介绍会包括项目的概述和体验,这样可以帮助每个人明确将会经历的整个过程及自己的新角色。

最后,你要确保项目与其他人力资源系统和实际做法一致且同步,例如要与人才管理和组织发展相链接。你还要考虑组织中其他人面临的影响成功或失败的因素,尤其是当行动学习项目的目的是超越现有边界进行人才开发以及支持组织的变革之时。

设计行动学习项目需要考虑的最后一点是,它是一个独立于其他发展项目的项目? 还是本身就是其他发展计划的一部分? 例如,如果发展项目正在陆续推出以支持特定的战略或组织变革时,行动学习课题要与这些项目联系起来。这样,课题自然会与变革计划的焦点连接起来。行动学习工具可以用来建立对于学习以及完成任务的关注。我们还成功地将行动学习的结构性对话用在其他开发计划中,以便在追求工作目标的同时进行反思性实践,这一点在第 3 章中已进行了介绍。

项目推广

有多少个项目? 你如何在整个组织中逐步推广这个复杂的干预措施? 行动学习项目可以是一时的干预措施,而更多的时候,那些已经养成了行动学习习惯的组织会选择长期使用这种发展方式。当问题出现时,尤其是当倡议发出时,一组关键的有针对性的参与者能够快速开展行动学习,完成战略任务并达成预期的成果,这很可能会在短期内引发更多的人参与行动学习,并能在各种工作情况下使用行动学习这个工具。但全面的项目意味着要完成课题需要一段较长的时间,而且这类项目多是期望产生可以交付的成果以及行为的改变,这需要时间,而且往往会在组织的其他部分中产生影响。

如果行动学习是一个反复进行的干预方法,需要为对项目提供支持的高层领导人设计一个体验环节,并以此作为推广计划的开始,这是非常有益的。在组织开始推广之初,最好能先运作一个试点项目,尤其是当项目涉及到组织变革之时。根据每个项目的长度制定计划,该计划要考虑到项目的交付周期,这个周期既要是组织可以吸收的,也是你能够支持的。

监测与评估

如何检查进度和评估项目是否成功?从一开始,你就要确定成功指标,并且收集基本数据来跟踪整个过程的变化。收集和分析数据的方法很多。重要的是,你要预想到你所期望的各种变化,以便找到干预的成果。然后,你可以决定如何衡量目前的状态,这样你就可以将变化后的状态与基准状态进行对比了。你还要确定定量和定性的指标,这将帮助你检查干预是否按计划进行以及会有什么样的结果。指标可以在项目的过程用于对项目的修正。

将学习干预与变化直接产生联系是很难的。但是你可以收集数据,这些数据能够使你将学习干预与行动学习可能产生的中间成果建立起联系,然后,你可以将这些改变与它们可能会产生的影响联系起来，形成变化阶梯，从而构勒出一幅行动学习干预法所引起的影响路径图。当行动学习进一步推广时，你可以使用这些收集到的数据来都监测和纠正行动的方针，并跟踪变化的足迹。

在结束本书前，我们来反思一下我们学到了什么，从写书的过程中学到了什么。首先，什么是协同设计项目过程中最困难的部分？第二，在设计中，最重要的方面是什么？第三，哪些工作最容易？第四，我们发现的最有趣的和最有意义的东西是什么？

通常来说，协同设计最困难的部分是获得高层管理者的支持，并确保这种支持是显而易见的和持续的。并非所有项目都需要CEO的支持，但确实需要组织中关键高管的支持。支持需要得到充分的确定，以便于关键高管了解他们签署的内容。

同样重要的一步是招募和开发适合的发起人。由于他们是组织与行动学习参与者的直接接触人，他们的行动和态度有可能会影响项目的进程，并肯定会影响到小组的体验。尽管小组从不是太好的发起人那里也可以获得学习，但体验这种挣扎及由此产生的学习可能并不是你所期望的项目收获。

最容易的是什么？如果从一开始，所有合适的利益相关者就都参与了进来，你或许可以解决任何问题及"噪音"，并取得成功。

最后，最大的乐趣和回报来自于与实践者在个人学习目标上的共同努力。我们帮助行动学习参与者的工作和个人生活发生很大的变化——这是行动学习的组成部分，或者说，全部。

附　录

身体会衰老,但学习却可以帮助我们的头脑持续成长。

——莫里斯·爱德尔(Morris Adle)

开卷有益。

——孔子

　　本附录旨在提供前面章节中所讨论的一些议题的补充知识。本章所提供的专家和作者的信息和观点,对于那些希望深入了解行动学习(AL)背后理论的读者会有一定的帮助作用。我们首先来深入讨论一下行动学习流派的理论(表55)。

表 55　行动学习流派的比较

流派	绩效流派	科学流派	经验流派	批判性反思流派
行动学习理论	附带学习	α、β、γ, P&Q=L	从经验中学习	通过批判性反思学习
实践者	达特里奇&诺埃尔;蒂奇	瑞文斯	麦吉尔&贝蒂;芒福德	马席克、奥尼尔、罗林
学习教练的角色		(1)	×	×

（续表）

流派	绩效流派	科学流派	经验流派	批判性反思流派
反思		×	×	×
小组/团队	×	×	×	×
基于实际工作的课题/问题	×	×	×	×
关注小组流程	×	(2)	×	×
质疑性洞察		×	×	×
"P"知识或教学	×	(3)	×	×
即时学习		×	×	×
个人问题		×	×	(4)
小组问题/课题	×		×	×

（1）瑞文斯说："在小组的早期，有一个被称为'编外人员（supernumerary）（小组咨询师）'的角色，他帮助这5位左右的成员在这个冒险活动中站稳脚跟（某种程度上来说，这种冒险活动是人为的），鼓励他们根据简单明了的程序，在定期举行的会议中交流经验。"

（2）瑞文斯明确表示，行动学习"不是小组动力"，但也提到了需要参与者参与到"小组的集体流程"中。

（3）瑞文斯说："……这并不意味着行动学习摒弃了所有的正规教学；它只是要识别出哪些教学是必需的，但只有教学是绝对不够的……"。

（4）参与者可以有个人课题，但一般情况是小组或团队课题。

行动学习的流派

绩效流派

在绩效流派中,行动学习的重点主要是行动和课题所取得的成果。绩效流派的特征是:它假设当精心挑选的参与者一起工作,参与了团队建设,并获得了来自于公司内外部专家所提供的信息时,学习自然就会发生。参与者不会把注意力放在"学习是如何发生的"身上,这使得学习主要是隐性的和附带的。

在行动学习项目中,所有的非"P"类学习都具有非正式学习的特征(图8)。绩效流派区别于其他流派的特征是,它缺乏对学习过程的特定关注。虽然项目本身是一个有计划的活动,但由于缺乏对学习规划的强调,所以看起来它好像把任何学习都归入到了附带学习中。

图 8　正式和非正式学习

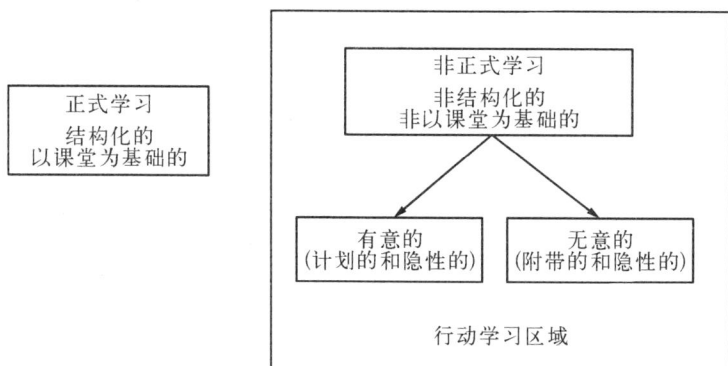

非正式的和附带的学习被认为是正式结构、发起机构和课堂活动之外的学习……附带学习是未经计划或未经有意安排的,而非正式学习能够被计划或有意安排……(附带学习)总是隐性的,而非正式学习可能或多或少也是隐性的,这种学习的成功总是取决于对问题进行恰当构建的人的能力。

　　绩效流派的重点是课题,而行动和反思在经验和批判性反思流派的小组会议中则具有同等重要的地位,由此,经验和批判性反思流派强调了学习的有意性。

　　从绩效流派的行动学习项目中所获得的好处包括:团队精神、业务策略、领导力以及对于课题的有价值且新颖的想法(课题对于业务来说要具有重要性)。参与者可能会觉得他们学到了很多,这一点可以由参加了绩效流派项目的参与者的话所证明。参与者结束了为期4周的项目,他们感觉到:"它不是一个游戏。完全陌生的人被分为6个小组,被指定解决真实的公司问题……一路走来,我们的小组变成了真正的团队。"

　　在行动学习小组中,项目参与者的组成方式是强化学习的附带特性的另一个方面。项目中有来自于商学院的商业顾问和学者,还使用了多种反馈工具来提供"P"学习。虽然一些学者提到了行动教练和教练的角色,但他们认为这个角色的作用是,在活动的各个节点和团队建设活动的策划中,与个人和团队一起开会。绩效流派的项目往往不使用学习教练,也没有其他工作人员帮助行动学习小组以明确的方式进行学习。

　　尽管附带学习可以在没有明确强调学习的情况下发生,但为了使附带学习系统地发生,参与者必须能够"将其注意力转移到这些副产品的信息中,并清楚地看到它们。""从任务中进行试错式学习充满了危险。为了赶上行动的步伐,并且陷于需求和挑战之中,经理们可能没有时间进行反思。"绩效流派注重做中学。"做"是学习的主要要求,但却未必足够。在整个过程中,需要对经验进行反思、理论化和提炼。

科学流派

　　科学流派根植于瑞文斯早期所进行的研究和提出的理论。他把这个理论归类为"实现管理目标的方法",并将其称为 α、β 和 γ 系统。他早期是一位物理学家,这些系统以科学方法为基础。

α 系统指经理人在面临决定时必须进行战略策划。瑞文斯说,在决策时有三个关键要素,经理人天生的价值观系统、影响决策的外部因素和经理人工作于其中的内部系统。α 系统指一项战略决策的这三个部分的结构性的相互作用。

β 系统是对于策划的决策和实施,它与 α 系统的第一个步骤相重叠。瑞文斯还把 β 系统称作 SHEAR,是指:

☐ 调查(Survey)——在该阶段中,确定 α 系统的数据

☐ 假设(Hypothesi)——试验决策阶段,在其中,会选定 α 系统的一个设计

☐ 实验(Experiment)——行动阶段,在其中试验决策得以实施

☐ 审核(Audit)——审查阶段,在此期间,观察到的结果与预期成果进行对比

☐ 回顾(Review)——控制阶段,在其中,对结论采取适当的行动

瑞文斯从科学方法中提取出了这个系统,并将 β 系统的步骤与学习流程等同看待——"识别、初步验收、练习、核实和确认。"

γ 系统指经理人的心理取向。经理不断地对他/她期望发生什么,而实际发生了什么进行审视。"只有当经理人能够识别出他的初始情境与经验所表明的实际情境之间的差别,也只有当他能够相应地改变其看法时,我们才可以说该经理正在学习。"

提问是学习发生的主要途径之一。这个概念决定了瑞文斯的行动学习学习理论第二部分的产生,即,L＝P&Q(L＝学习(learning),P＝程序化知识(programmed instruction),Q＝质疑性洞察

(questioning insight)】。质疑性洞察被形容为"有辨别力的提问（discriminating questions)"、"耳目一新的提问"，人们质疑他们的直接经验、"直觉、灵感和洞察。"瑞文斯认为，真正的学习是"Q"和"P"的组合。"P"是程序化的知识，是"专业知识、书本知识以及那些我们被告知应该去做的事情（因为几十年来大家一直都是这么做的)"。在行动学习中的学习只有一部分是寻找答案，而关键是要寻找合适的要问的问题。瑞文斯主张，对任何问题的初始提问应该是：

我们要做什么？

什么阻止了我们这样做？

我们可以做些什么？

由于行动学习需要在无知、风险和混乱的情况下提出问题，因此，瑞文斯在项目的早期安排了学习教练这样一个角色，"以便帮助小组通过有序的讨论建立初步的值得依赖的凝聚力；这种加快小组自我整合的催化剂必须尽力使小组尽早获得独立……"瑞文斯的信念是，行动学习小组要通过问题解决的过程，很快达到自己能够问出新鲜的、不寻常的问题的水平，因此，在该流派中，学习教练的作用是有限的。

经验流派

许多行动学习的支持者把库博的学习圈作为其理论基础。库博提出这个方法是为了便于理解经验并从经验中获得最大限度的学习。库博的经验学习圈分为四个步骤。学习圈的顶部/开始是学习者的经验，顺时针方向来看，下一步是学习者对经验的反思，第三步是学习者从反思中提取出来的新思想和新观念,第四步是学习者将新观念应用于实践,这样又会产生经验,依此循环。

学习之所以得以发生,是由于有机会在他人的支持下对经验进行反思,及之后所采取的行动,这意味着,从经验中进行学习的成员的目标是改变,而不是简单地重复以前的模式。行动学习使学习能够在经验学习圈的每一个阶段中发生。

由于学习具有目的性,经验流派区别于其他从经验中学习的方式和"附带的和非正式的"学习方式。通过行动和反思进行学习是开会的原因。固定的小组成员在一个较长的期间内完成合法而正规的任务,并且对学习过程、学习成果等进行明确讨论,这些都会强化学习的意向。行动学习项目旨在帮助人们培养学会如何学习的能力。在每一次会议中安排时间进行学习回顾(回顾的内容不仅包括问题和课题本身,还要包括参与者学到了什么),坚持完成学习日志、个人发展计划和学习协议,通过这些方式,行动学习达成了帮助人们学会如何学习的目标。

经验流派的许多支持者也同意瑞文斯的 L=P&Q 公式。其中一些支持者还进一步发展了瑞文斯的原始公式。由于行动学习要求采取行动而不仅仅是提出建议,英格利斯(Inglis)提出了 L=P+Q+I 的公式,"I"代表实施。芒福德认为存在一个以上的"Q"的机会。

最有效的学习产生于解决管理问题 Q(1)的需求之中,这样会获得相关的知识(P),这又刺激了进一步的管理机会 Q(2)的确定。修订后的等式是:

$$Q(1)+P+Q(2)=L$$

在经验流派中,学习教练在整个周期中对于行动学习小组来说都很关键,如同科学流派一样,教练在小组组建的一开始尤为重要。人们普遍认为，学习教练要努力将他们的技能转移到小组之中，并且在某些情况下，团队要能够离开他们而正常开展工作。他们的作用包括对小组流程和学习进行催化。这个角色不同于传统的管理培训，教练不教授知识，而是提供一个条件，在该条件下，管理者可以从课题及从他们自己身上进行自我学习。学习教练主要使用提问的方式与小组一起工作，以便于示范质疑性洞察。

反思对于保证通过真实课题经验进行学习也很关键，这个真实课题必须是明确而有计划的，而不是飘忽不定的和敷衍的。

工作中的绝大多数学习机会不能通过这种方式来启动或确定方向。它们一般以非结构化的和无计划的方式出现……它们是……非正式的和附带的学习，往往只有部分是可以理解和有效的。

批判性反思流派

尽管许多批判性反思流派的实践者明确地提到了库博，但他们还认为，行动学习需要超越经验流派中所说的反思的特性，要将问题的源由与问题的解决区分开来。麦基罗（Mezirow）将这种隐藏在思维背后的"反思"称为"批判性反思"。培养批判性反思的明确意向，是该流派与经验流派的主要区别。

在批判性反思中，人们认识到他们的看法可能存在缺陷，因为这些看法是经过过滤的，而过滤器正是不加批判地接受来自于家庭、学校和社会的意见、信念、态度和情感。这种有缺陷的看法往往扭曲了对于问题和情况的理解。花一些时间来进行反思，这种力量是非常强大的，这使得批判性反思如虎添翼，因为其关注点直指问题的根源。

批判性反思流派的实践者以不同的方式描述了批判性思维的流程和结果。韦恩斯坦(Weinstein)谈到了参与者验证他们所相信和看重的东西,他们是如何变化和推动以及如何获得对于自己见解更好的理解。当这种反思发生时,她觉得这个过程对于那些不想改变现有的结构、状态和信念的人来说,可能会深感不安。罗林和马席克(Marsick)谈到了让真实的问题脱颖而出,仔细审查这些问题——允许参与者质疑他们行为背后的缘由,挑战规则,并从多个角度来审视问题;而迪尔沃思(Dilworth)和威利斯(Willis)则谈到了提出耳目一新的问题来"解冻"基本假设和建立新的心智模式。行动学习中的批判性反思也可以超越参与者个人的基本假设,可以引起对于整个组织的规则的审视。由于参与者采取了行动,并且对行动进行了反思,所以会改造、重新规划和转化所提交的课题/问题,这样就将那些往往隐藏在行动和批判性反思背后的误解、规则和期待揭示开了。

在批判性反思流派中,学习教练发挥着至关重要的作用。由于教练不是小组成员,并且往往来自于企业之外,他们往往可以从局外人的角度来自由地提问。学习教练帮助小组学习以下内容:

❑ 如何构架、重构课题/问题,如何为课题/问题提供一个替代性的框架,因为复杂的问题很少是我们初次看起来的情形

❑ 如何识别、澄清和测试参与者对于课题/问题的个人见解和理论

❑ 如何反思课题/问题构架、测试和解决的方式

该流派认为,任何学习教练都不会给小组带来问题或陷阱。首先,如果没有教练与小组一起工作,"小组的全部焦点往往转移到了问题的解决方案上",第二,有失去学习维度的危险,小组变成

了一个简单的项目小组。"尽管'做中学'这个概念在原理上很容易理解,但高管们要么认为它非常简单,人们不借助外界的帮助就可以从经验中学习;要么认为它非常复杂,项目很难引入到公司中。"

所有流派

由表55对行动学习各流派的比较所示,这四个流派有许多相似之处,也有许多相异之处。相似之处包括:参与者以小组的形式会面,每个小组通常有4—6名成员。正是在这些小组的共同工作过程中,"逆境中的同盟军"或"机会中的伙伴"能够使同伴学习的达到最高效率。

在每一个流派中,小组所完成的课题/问题是基于实际工作的,课题的选择对于行动学习项目的成功都至关重要。四个流派的另一个相似之处是,对小组过程的强调。如表55所示,究竟应该给予行动学习小组一起工作的过程多大的重视,关于这一点,瑞文斯也说不清楚。

经验流派和批判性反思流派的参与者对于小组流程的关注及其工作更加明确,他们所提到的一些流程包括:沟通、冲突、建立共识和领导力。他们的观点是,小组需要有效合作,以便能够一起学习,而且学习教练需要发挥作用,使小组制定有效的流程。绩效流派也相信小组流程是在行动学习项目中建立起来的,但这些流程更多是通过特定的团队建设活动和结构化的给予与接受反馈的机会建立起来的。这些活动的结果是,行动学习小组能够更高效地一起工作来完成课题。

四个流派的最后一个相似之处是对于在行动学习中提供相关联的"P"学习的认同。不同的是,在行动学习项目中,如何以及何时提供程序化知识。科学流派的信念是,所有的"P"(对于行动学习基本概念和术语的简介除外)应作为及时学习来提供,只要参与者确定了对于知识的需求,就要提供"P"学习。经验和批判性反思流派同意及时学习的理念,但也有一个观点:一些教学通常是必需的,例如关于行动学习流程和小组动力的信息,它们应该嵌入到项目之中。绩效流派认为,"P"知识可以预先确定,并且这些知识大多在项目的一开始就应该提供,要先于解决问题小组的建立。

作为行动学习基础的成人学习理论

　　行动学习在成人学习理论的各种不同的方法和概念框架范围内得以产生和发展,成人学习理论影响了行动学习的发展与实践。这些理论的影响如图9所示:作为行动学习基础的成人学习理论。

　　绩效流派的实践者并没有具体提及到理论基础,但其著作却似乎反映了社会和情境学习领域理论家的思想。这些理论也奠定了实践社区学术研究的基础。维果茨基(Vygotsky)的最近发展区(zone of proximal development),尽管研究的是儿童,也对该流派中所指的学习的隐性特性有所影响。根据维果茨基的理论,学习的重要特点是,它唤醒了一系列的内部发展流程,这些流程只有当个人与同处于某一环境下的同伴互动交流时才能够启动。

　　莱夫(Lave)的情境学习理论以维果茨基的理论为前提,似乎也反映了一些绩效流派的基本假设。例如,莱夫说,知识需要在真实的情境下呈现;学习需要社会的互动和协作;情境学习通常是无意的,而不是特意的。

　　来自于经验的有意识的学习这个概念似乎影响了科学流派、经验流派和批判性反思流派。杜威(Dewey)是第一位讨论学习和

图9 行动学习的成人学习理论基础

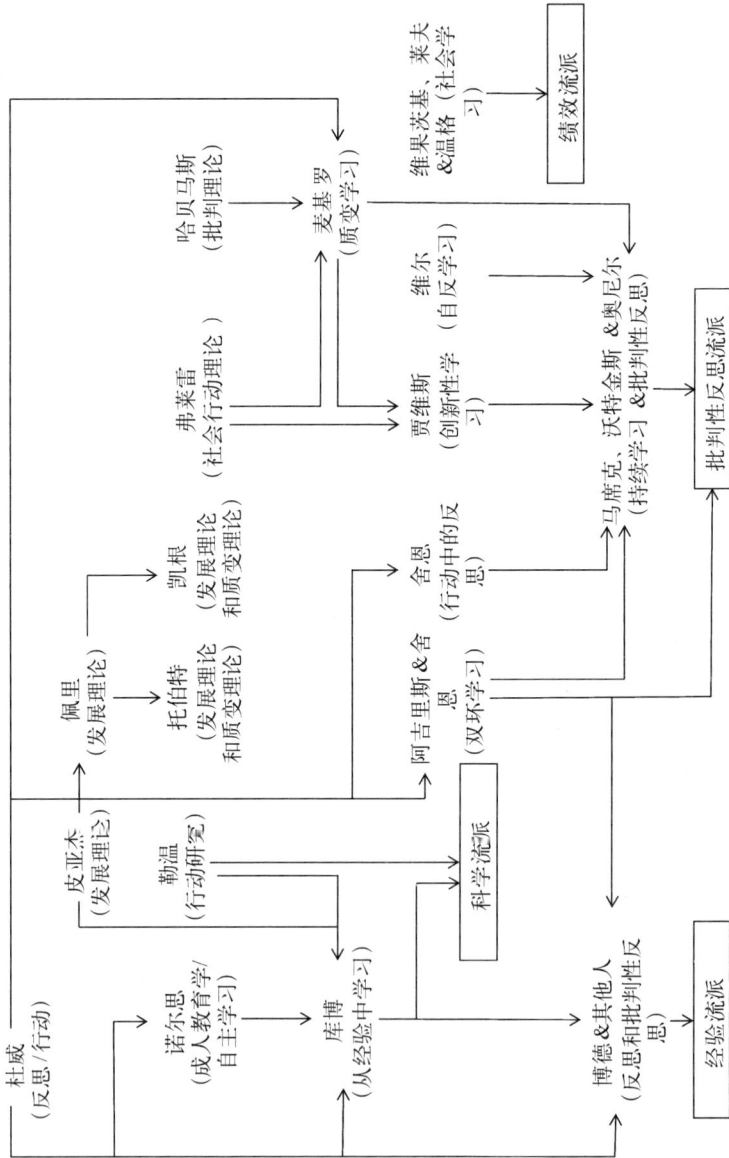

经验之间的联系的教育工作者,他说:"新理念是建立在这一观点之上的:实际经验与教育过程之间存在着密切而必要的关系。"不过,他并不相信所有的经验都是可以通过教育来得到的。一些经验可能并不可教,它们限制或者扭曲了从未来的经验中成长的机会。因此,杜威认为,教育工作者需要对经验进行评估,以确保其有利于个人的持续的身心成长。杜威认为,需要考虑的因素有两个——互动与情境,"彼此合作中的连贯性和互动性,为教育的意义和经验价值的衡量提供了判断标准。"

杜威也是讨论反思与学习之间的关系的早期教育工作者之一。

　　遇到事情时,我们采取了行动,做了一些事情,然后我们或者收获成果,或者吞下苦果……

　　当行动是所承受的后果的继续时,当行动所带来的变化反映了我们内在的变化时,这种变化是有意义的,我们学到了东西。

他认为,"反思性想法"或"反思性活动"是一个高度理性和控制性的活动。反思可以让冲动性的行动停下来,帮助个人形成更全面和连贯性的计划。更多的明显的行动,只有在真正的反思之后才会发生,并且真正的反思会将行动中的收获组织起来。

　　反思就是回顾所做的事情,以便提取出最好的含义,而这些含义正是处理未来经历的智慧资本存量。这是智力组织和心智模式修炼的核心。

杜威提出了一个通过做和反思来学习的理由。他把学习描述为一种循环模式——意识到问题、产生想法、尝试做出反应、出现结果、根据以往的检验来确认或否定。

　　受杜威思想的启发，库博（Kolb）将这一理论运用到了实践之中。在库博的学习圈中，从经验中学习这一理论得到了最好的体现。他认为，学习是由四种活动组成的一个循环过程——具体的经验、观察和反思、形成抽象的概念和概括、在新情境下测试新概念的含义。他把杜威对于学习的初步想法演化成了一个过程/循环，并更加具体化了。这是一个对于学习的充分集成化的观点，因此学习可以从学习圈的任何地方开始，然后继续循环下去。

　　即使比较困难，但库博说，为了充分地从经验中学习，学习者必须通过整个循环。他认为，学习是一个包括思想、感受、感知和行为的整体适应过程。这是一个经由经验的转化来创造知识的过程。学习需要个人和环境之间的交易——个人的内部经验与客观的外部经验之间的交易。

　　一些行动学习实践者将库博的学习圈与行动学习联系了起来。波舍姆（Botham）同意库博所说的学习者必须经历整个循环的论断，他呼吁感知、认知和行为都要参与进来，并认为，确保这种参与的最好方式是建立一个学习者在其中至少可以完成一次库博循环的学习环境。芒福德把学习的内部和外部流程描述为学习循环（内部）和任务循环（外部），并且说，这两个循环在行动学习项目中都需要发生。

　　库博说，除了杜威，他还吸收了勒温（Lewin）和皮亚杰（Piaget）的思想。"这三个传统思想的共同之处是……强调把发展有目的和自主性的生活作为教育的组织原则。"从皮亚杰身上，库博形成了学习过程的观点，他认为学习的过程是经验的同化和对经验的适应概念之间的辩证关系，他还吸收了皮亚杰在认识论上的思想。

库博关于学习的观点是诺尔斯(Knowles)观点的反映,诺尔斯提出了成人教育学和自主学习的概念。

虽然瑞文斯为行动学习创造了自己的基本理论,即 α,β,γ 系统,但在他的一些行动学习著作中,也反映出了库博的思想。

> 行动学习项目的设计应该利用经理人的这些特点,应该要求每位参与者仔细审视自己过去的经验;无论是有意安排的活动内容,还是在其他地方进行的一个课题(具体经验)……他的下一步行动……这些都要与其同伴进行辩论,他要不断检视(观察和思考)对于自我经验的第一想法……他将不断地要求解释(形成抽象的概念)为什么他建议采取这样的行动……每位参与者都迟早会走进死胡同(测试新概念的含义)……

基于这种相似性,以及许多支持瑞文斯的理论家对于库博思想的讨论,我们在库博及其前人的观点中看到了科学流派的理论基础。特别值得注意的是科特·勒温的研究。库博的研究接近于行动科学,是以勒温的研究为基础的。瑞文斯的科学方法继承了勒温的行动科学方法。

除了前面的学者外,博德(Boud)、基奥(Keough)和沃克(Walker)的观点也强调了从经验中进行的有意学习——学习者意识到了他们在学习,学习是体验式的而非仅限于教室里的教学,学习的进行伴有具体的目标。关于从经验中学习,这些作者形成了五个观点:

观点 1:经验是学习的基础,用于刺激学习。

观点 2:学习者积极建构他们的经验。

观点 3:学习是一个整体过程。

观点 4:学习是社会和文化的建构。

观点 5:学习受到社会情感背景的影响。

与杜威一样,博德、基奥和沃克承认,并非所有的经验都具有教育性。他们谈到了从经验中学习的障碍,这种障碍是"那些抑制或阻止学习者对经验进行准备、抑制他们积极参与其中、抑制他们合理反思以从中学习的那些因素。"

"反思包括这些过程,在其中,学习者致力于重温、关注和重新评估自己的经验,致力于把经验转变成学习。"博德、基奥和沃克觉得,比起库博模型来说,他们更加强调反思。他们的反思过程包括三个要素——重新回到经历之中、加入感受和重新评估经历。他们认为杜威的反思主要是认知方面的,而在这种模式中,重视感受的作用正是将其观点与杜威的反思区别开来。反思本身并不是目的,其目的是帮助学习者为新的经历做好准备。如果没有和行动相联系,反思的益处就不存在。"行动暂时结束了反思过程。"基于对反思及其在学习中的作用的讨论,我们认为,包括库博及其先辈在内的这些理论家们的理论研究,对行动学习经验流派的那些实践者们起到了影响作用。

正如批判性反思流派一样,博德、基奥和沃克将反思进行了概念化——质疑和挑战假设、价值观和讨论的框架。他们说,在反思过程中,学习者的心智模式是经历的过滤器,这可能会减低学习的程度。学习者需要批判性地意识到,他们对于这个世界的假设是如何以及为什么对其思维方式形成限制的。进行反思的学习者通常会有一个"深入的"学习方法。他们还讨论到,受到哈贝马斯、麦基罗和阿吉里斯研究的影响,所有影响批判性思维和质变学习的学者,在影响经验流派的同时,对批判性反思流派也有影响。

　　还有许多学者,他们通过对批判性思维和质变学习的研究,对批判性反思流派也形成了影响,我们将会谈到其中的那些对该流派的实践者最具影响力的理论家。

　　影响批判性反思流派实践者的两个学者是威廉·托伯特(William Torbert)和罗博特·凯根(Robert Kegan),这两位的理论都建立在皮亚杰和佩里(William Perry)成人认知发展理论研究的基础之上。皮亚杰以对知识的积极建构为基础(这种建构提升了思维方式的复杂性),将青少年的发展阶段进行了划分,这些阶段包括:(1) 感知运动阶段;(2) 前运算阶段;(3) 具体运算阶段;(4) 形式运算阶段。每个阶段都代表着"日益复杂的思维方式"。皮亚杰的思想对日后的认知发展理论学家有着很大的影响,包括研究大学生发展的哈佛大学教授和辅导员威廉·佩里。像皮亚杰一样,佩里研究的重点在"新的自我意识、环境对自我的影响以及新兴的自我意识与外界环境的影响之间的复杂的平衡过程"。佩里和他的同事提出了认知发展的 9 个等级,这 9 个等级是移动式增长的,从二元论、多样性、相对性,直到最终的对相对性的承诺。佩里"选择使用等级(position)这个术语而不是阶段(stage)……因为等级这个词没有持续时间的假设。"

　　托伯特吸收了皮亚杰和佩里的研究成果,但他强调了人格的发展,这一点是吸收了洛威格(Loevinger)的研究成果。通过对经理人/领导者的发展研究,托伯特创建了一个 8 个发展阶段的理论,这是质变学习理论的基础。他的理论基础是洛威格对于自我发展阶段理论的早期研究。洛威格提出,人们从出生到成年要经过 10 个阶段,每个阶段都建立在前一个阶段基础之上,只有当个人完成了现阶段的发展时,下一阶段的行动才会发生。托伯特的阶段说明了经理人是如何看待世界和他/她自己的,即他们意识的重点、治理世界的框架和行为特征。这八个阶段请见表56:托伯特的发展阶段。

表56　托伯特的发展阶段

阶段	人格发展层级
1. 冲动	用冲动支配本能反应
2. 机会主义者	用需求支配冲动
3. 外交家	用规范支配需求
4. 技师	用工艺逻辑支配规范
5. 成就者	用系统有效性支配工艺逻辑
6. 战略家	用自我修订原则支配系统
7. 奇才/小丑	用流程(原则/行动的相互作用)支配原则
8. 讽刺家	用内系统发展支配流程

发展的前4个阶段是"一个转换序列,通过这个序列,人类能够得到发展。"每个阶段都有其自己的内部一致逻辑,并且也涉及到一定的客观现实。每个阶段都推翻了前一阶段的假设,并"把他们从构建和统治现实的角色中转换出来,在更广泛的现实中承担新的角色。"虽然发生了转换,但个人在前4个阶段对于自我的内在一致性既不会产生转变的想法,也不会发生实际的转变。直到第5个阶段,即成就者阶段,管理者/领导人开始意识到了转变的能力,在第6阶段,即战略家阶段,"人们不再把现行的社会系统的整体结构看作是理所当然的……因此变得对规范(最好的、公正的)的结构应该是什么开始感起兴趣来。"战略家阶段开始了明确的质变学习。

战略家阶段,人们意识到,包括他或她自己在内,所有的框架都是相对的。正因为有了这种认识,战略家阶段不同于成就者阶段,他们对于在一定情境下"重构"他或她的观点和目的的可能性是开放的,对于帮助他人进行重新构建,自觉地寻求和选择新框架的可能性也是开放的(这种新框架可以包容差异、矛盾和多种框架的不确定性)。

在更高的发展阶段(奇才和讽刺家),自我挑战转变的动力自然而来。我们可以得出这样一个结论,个体在三个更高阶段都涉及到了质变学习。

凯根的发展理论不同于托伯特的发展理论,但也对质变学习理论和批判性反思流派有支持作用。凯根借鉴了皮亚杰和佩里的认知发展理论,但凯根的思想还建立于埃里克森的心理动力阶段理论和劳伦斯·柯尔伯格(Lawrence Kohlberg)的道德发展阶段理论之上。

凯根的理论解决了个人用于意义制造的形式、意识的转变、在这些过程中的内部经历,以及在该活动环境的角色这些问题——其观点是,"人类是意义的制造者,他们在整个生命周期中都在探索意识转变的内外部轮廓"。他认为,转变是不断发展的——总是渐近的、越来越复杂的。请见表57:凯根的转化层级。

表 57　凯根的转化层级

意识的底层结构秩序(单点/即时)	第一阶
持久类别	第二阶
跨类别	第三阶
系统/复杂	第四阶
跨系统	第五阶

尽管意识的第一阶全部是关于自我的，个人经历的第一次转变是具备了识别自我以外的东西的能力；明确了现象有自己的属性，这些属性是一类或一组有着持久且持续性规则的元素；创建了类成员的概念，并且为这些成员建立了规范。凯根所说的二阶或"持久类别"指的是，当我们认识到我们需要某些东西，并愿意谈判以得到该东西时，将会在行为上反映出来。它也体现在牺牲他人以追求自我需求方面，但只有当这种努力不会被看到或发现时才会如此。接下来的发展步骤是意识的第三阶，个人开始通过尊重人际关系的推理过程来制造意义。他们的身份取决于他认为别人如何看待自己。个人的价值观和规范已经得到内化，并按照他们相信他人对自己的期望来表现出来。凯根把这个新的、更高的顺序原则称为"跨类别"认识。价值观、理想和广泛的信念的构建，需要精神组织的跨类别原则，所以正是在这个级别上，个人开始使用反思性思维。

凯根认为，第四阶意识需要在后现代世界中发挥其功能。在这个层面上，个人不再根据我们认为他们如何看待我们以及他人希望我们是什么样子来发展自我。我们能够听到其他人的期望，但会远离这些期望，以便于做出自己的判断。这个过程似乎需要更大的自我反思能力，凯根说，第五阶意识需要批判性反思。第五阶允许个人看到事物之间的系统联系。正如托伯特所说，在凯根的理论中，达到了更高阶发展水平的个人，即意识的第四和第五阶水平的个人，似乎能够参与到质变学习中了。

弗莱雷（Freire）和哈贝马斯（Habermas）的研究影响了许多质变学习著作的作者。弗莱雷是一位成人教育工作者，其成人教育研究的基础是他的觉悟启蒙（conscientization）理论。在弗莱雷的理论中，意识有 4 个水平，最高层就是觉悟启蒙——个人学会"觉察社会、政治和经济的矛盾，并且对现实的压力因素采取行动"的过程。在该水平的意识层面上，个人可以从事"实践"——行动及对行动的批判性反思——这些活动的组合能够产生质变学习。

哈贝马斯谈到了知识产生的三个领域——技术、实践或沟通以及解放域。沟通性行动和学习——学会理解别人的意思并使自己理解——可以通过合理的交谈发生。正如我们接下来要详细阐述的，哈贝马斯说，只要存在理性交谈的最佳条件，成人就能够进行批判性反思，也就有能力进行质变学习。

麦基罗（Mezirow）的质变学习理论以杜威、弗莱雷和哈贝马斯等的研究为基础。他把质变学习定义为：

> 通过批判性的自我反思进行学习的过程，这个过程会引起对意义视角的重构，从而在理解一个人的经历时，更具有包容性、鉴别性和综合性。学习包括了将这些见解付诸行动。

为了充分理解麦基罗的质变学习理论，检查过程是非常必要的。对于麦基罗来说，有两种不同类型的学习：工具和交际。工具学习发生于我们致力于任务导向的问题解决之时，即如何做事或者如何执行。在工具学习中，我们对内容或者指导我们解决问题的程序性假设进行反思，能够用经验证据或已知的共识来确保基本假设的正确性。

尽管麦基罗说，质变学习在这两种类型的学习中都可能发生，但他特别强调通过理性交谈所进行的交流性学习（communicative learning）。麦基罗说，我们通过他所说的意义视角和意义计划来看待自己的所有经验。意义视角是指文化假设的结构，在此结构中，新经验得以吸收消化。这些假设是一整套习惯性的反应，它们是形成和限制我们的思维、信念和感觉的知觉和概念代码。

意义计划是意义视角的接续，构成了我们解释经验的隐性的、习惯性的规则。它们是由具体的知识、信念以及塑造我们的特定解释的价值判断所构成的。意义视角和意义计划共同作用于我们学习的参照系框架。我们通过对于父母和社会的全盘同化的意义视角和计划来形成我们感知现实世界的方式。正因为这种不加批判的吸收，为了进行沟通性学习，我们可能需要质疑和挑战我们的计划和视角来促进质变学习的发生。

在交流性学习中，另一种反思是理解他人的价值观、理想、情感、伦理决定和对于自由、正义、爱和民主的概念。通过批判性反思，我们开始质疑和挑战那些形成我们的意义视角和计划的假设、价值观和参照系框架。当我们用批判性反思来有意识地提高我们的意义计划和视角时，就必须致力于麦基罗和哈贝马斯所说的理性交谈。这种形式的交谈是"一场对话，这些对话通过对证据、论点和不同观点的批判性审查，来评估对竞争性的表述起到支持作用的那些原因"，在这种交谈中，我们必须依靠那些在当时看来，我们认为有能力来评估论点、审查证据和达成最佳共识，并且是可靠的、客观的和合理的人们。出丁我们都被困在了自己的意义视角之中，通过这种类型的话语，我们才能够测试其有效性。通过麦基罗理论的核心概念，即批判性自我反思和理性的交谈，视角的转变得以实现。

通过质变学习，我们批判性地意识到了我们的假设是怎样以及为什么限制了我们感知、理论和感受世界的方式；我们重塑这些假设，允许有更具包容性、鉴别性、渗透性和综合性的视角，并根据这些新的认识来做决定或者采取行动。如果成年人能进行选择的话，这些是更高一级的视角，因为成年人对于更好地理解经验的意义更具有主动性。麦基罗谈到了应该如何鼓励和支持批判性反思和质变学习。教育需要"以学习者为中心进行参与和互动,包括小组讨论和小组解决问题。"他对质变学习中的引导者的描述与批判性反思流派对学习教练的描述非常匹配。

> 教育者应该是引导者和启发者,而不是课题的权威人物……要向学习者示范批判性反思的作用……引导者的工作不同于权威人物……她向小组逐步转移其领导力……

正如已经讨论过的学者一样,贾维斯(Jarvis)相信学习开始于经验。他还认为,经验只是一个潜在的学习基础,除非有一个赋予经验意义的过程,否则经验没有任何意义。他认为反思就是从经验中创造学习的不可分割的部分。

> 由于各种原因,可能是因为行动没有达成预期的成果,无论是监控还是回顾都有可能产生问题。
> 在这一点上,反思的过程始于将学习放置在动议之中的那一刻。

贾维斯介绍了从经验中可能会也可能不会产生学习的 9 个不同路径。当一个路径产生了批判性意识的反思时——"经验的多元化解释"——有可能会打破既定的思维模式,并创造出贾维斯所指的创新性学习。贾维斯将这种学习与弗莱雷(Freire)的人们应对挑战并产生相应转变的真实反思、麦基罗的质变学习以及阿吉里斯和舍恩的双环学习进行了比较。双环学习探索了基本的价值观、假设和信念,这些价值观、假设和信念形成了我们为了达成目标所采取的行动背后的目标、意图和意义。单环学习是指所采取的行动没有达成预期结果时的简单的战术变化。单环学习在对问题的诊断非常准确时是有价值的。但如果情况并非如此，需要双环学习来准确地理解问题的根源。单环和双环术语来自于控制论，表明对于一个问题的解决方案可能需要一个独立于自我强化循环的双环，这是问题定义的一部分。

维尔（Vaill）描述了学习的 7 个特质或模式，其中一些与质变学习的概念相同。反思学习的定义类似于质变学习，反思学习涉及对于理念、模式和假设的认识，使个人能够对自己的学习进行反思。维尔将反思学习与阿吉里斯的双环学习进行了比较。

他还把表现型学习（expressive learning）描述为"做事情，并从做事情的过程中学习"，把在线学习描述为"发生在工作和生活之中的一个学习过程，而不是发生在人造的、庇护性的环境之中"。对于维尔来说，行动学习是一种新的学习系统，既具有表现学习的特征，其本质上又有在线学习的特征。

舍恩描写了各种专业人士在日常工作中对行动进行反思所发生的质变学习。

当实践者在实践中反思时，其可能的反思对象随着展现在他面前的各种现象以及他带来的认识实践系统的变化而变化。他可能会反思判断背后的隐性规范和评价，或者反思隐含在行为模式背后的战略和理论。他可能会反思导致他采取特定行动的感受，可能会反思使他陷入正在解决的问题的方式……

特别是出现了与原先设想大相径庭的结果时，专业人士会对

行动进行反思,无论这个结果是正面的还是负面的。这时,反思的
重点在于大相径庭的结果、产生这种结果的行动,隐藏在专业人士
的行动中的最初假设。

当专业的实践者对行动进行反思时,他/她"变成了一个研究
实践背景的研究员。"实践者进行了一项实验,在实验中,他/她对
情境及对隐含在行为中的事先的理解进行了反思。没有必要把所
思从所做中独立出来;实施根植于质询之中。实验的结果是一个
新的理论,在其中,实践者将其理解与实践融合了起来。

阿吉里斯和舍恩倡导行动科学,而行动科学需要批判性反思:

> 行为科学是对社会实践的质询……其兴趣在于在这种实
践服务中生产知识……要求知识包括与经验不符的命题……
还要求完成这些命题的实践者可以在现实生活环境中可检验
这些命题……作为一个重要的理论,其目的是产生那些能够
唤起实践者的批判性反思的知识,使他们可以更自由地选择
是否以及如何改变其做法。

与舍恩所讨论的实践者的"惊喜"相同,当一个人遇到其未预
料到的相互作用的结果时,他以不同的方式来处理这个困境。"实
践的主流认识论强调的重点是手段-目的理性(means-end rationality)。未能达到预期目的会导致对手段的复检,并寻找更有效的手
段。"解决问题战术的变化是单环学习。

实践的行动科学认识论强调构建或问题的设置,以及手段-
目的推理或问题的解决。未能达到预期的后果……导致对于原
来的框架和不同问题的设置进行反思。这种质询类型的结果可
以导致一个人的假设和信念的变化,和/或组织规范以及与这些

规范相关的战略和假设的重构。这种方法被称为"双环学习"。

沃特金斯(Watkins)和马席克发现质变学习要通过批判性反思来达成,他们用一个持续学习模型来说明这一点,这个模型以杜威所讨论的问题解决的第一循环、阿吉里斯和舍恩的行动科学思想为基础。

图 10   持续学习模型

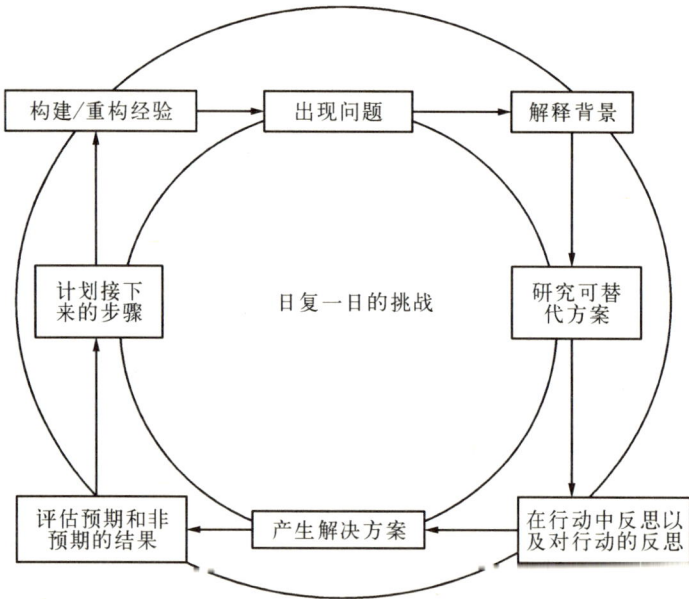

持续学习模型(图 10)包括内外两个同心圆。在圆的中部是每天所经历的挑战。内圆代表问题解决循环的简单步骤——发现问题、研究替代方案、产生解决方案、计划接下来的步骤。通过对问题性质的反思以及对解决问题流程的使用,可以实现阿吉里斯和舍恩所指的单环学习的学习水平。该模型的外圈代表更深层次的学习,这种学习是通过对一个人的理解和信仰背后的假设的批判性反思来实现的。该循环包括浮现和验证每一步的假设——解释问题的背景、在行动中反思以及对行动的反思、评估预期和非预期的结果、构建/重构经验。

　　奥尼尔和马席克认为行动学习通过多种方式促进了批判性反思。他们的描述属于批判性反思流派,其中,课题小组由来自于不同背景的参与者组成,以便使他们能够互相提出一些通常不会被问到的问题。学习教练"创造一种气氛,鼓励定期停下行动进行对话、批判和反思,以帮助学员挖掘他们的意见和行为背后的东西。"学习教练通过介绍一些工具和方法来支持和鼓励批判性反思,行动学习本身鼓励用行动来检验个人和集体的信念、预感和解决方案。

工具表单索引

模型图示索引

作者简介

朱迪·奥尼尔(Judy O'Neil)

纽约哥伦比亚大学师范学院教育学博士和文学硕士,学习与领导力(Learning and Leadership)咨询有限公司总裁。30年来,她在世界各地的组织中专门从事人力资源开发和组织变革工作。其著作包括:《行动学习:个人、团队和组织发展的成功策略》《行动学习》《现实的工作,真正的学习》和《行动学习文献回顾》等。

维多利亚·J.马席克(Victoria J. Marsick)

加州大学伯克利分校成人教育专业博士,雪城大学国际公共管理MΓA,哥伦比业大学帅范学院组织与领导力系教授,主要研究方向为成人学习及组织学习。

译者简介

唐长军，长江商学院 EMBA，北京百年基业管理顾问有限责任公司创始合伙人、董事长、首席顾问。国际行动学习协会认证教练。《培训》杂志专家委员会委员。美国培训与发展协会（ASTD）会员。历任用友集团培训总监、联想集团高级培训经理等职。专长于使用行动学习和团队教练的方式来发展企业中高层经理人的领导力，有超过 20 多个行业的 100 多个行动学习项目的咨询、设计与实施经验。

郝君帅，北京百年基业管理顾问有限责任公司高级合伙人、高级副总裁，首席行动学习教练。国际行动学习协会高级教练，国际行动学习协会北京认证项目负责人。曾多年担任华润集团行动学习项目负责人和行动学习催化师项目主讲老师。

曹慧青，清华大学工商管理硕士，国际行动学习协会认证教练。万通地产股份有限公司培训经理。拥有 10 年的大型国有企业工作经验。专长于行动学习、领导力开发与培养等。

图书在版编目(CIP)数据

　　破解行动学习:行动学习的四大实施路径/(美)
奥尼尔(O'Neil,J.),(美)马席克(Marsick,V.J.)著;
唐长军,郝君帅,曹慧青译.--南京:江苏人民出版
社,2012.11
　　ISBN 978-7-214-08888-8

　　Ⅰ.①破…　Ⅱ.①奥…②马…③唐…④郝…⑤曹…
Ⅲ.①学习方法-研究　Ⅳ.①G791

中国版本图书馆 CIP 数据核字(2012)第 252167 号

Understanding Action Learning
Copyright @ 2007 by Judy O'Neil etc.. Published by AMACOM,
a division of the American Management Association, Internationa l, New York.
All rights reserved. Simplified Chinese edition copyright @ 2013 by Jiangsu People's
Publishing House
江苏省版权局著作权合同登记:图字 10-2012-231

书　　　名	破解行动学习:行动学习的四大实施路径
作　　　者	〔美〕朱迪·奥尼尔　维多利亚·J.马席克
译　　　者	唐长军　郝君帅　曹慧青
策 划 编 辑	杨　健
责 任 编 辑	陈　茜
责 任 监 制	陈晓明
出 版 发 行	凤凰出版传媒股份有限公司
	江苏人民出版社
出版社地址	南京市湖南路 1 号 A 楼,邮编:210009
出版社网址	http://www.jspph.com
	http://jspph.taobao.com
经　　　销	凤凰出版传媒股份有限公司
照　　　排	江苏凤凰制版有限公司
印　　　刷	江苏凤凰盐城印刷有限公司
开　　　本	1000 毫米×1436 毫米　1/32
印　　　张	8
字　　　数	200 千字
版　　　次	2013 年 1 月第 1 版　**2015 年 5 月第 2 次印刷**
标 准 书 号	ISBN 978-7-214-08888-8
定　　　价	58.00 元(精装)